素人手記
ドキ
な恋愛と
忘れられないファースト失神SEX
～無様にイキ果てた私の悶絶体験、
聞いてください～
竹書房文庫

第一章　快感！

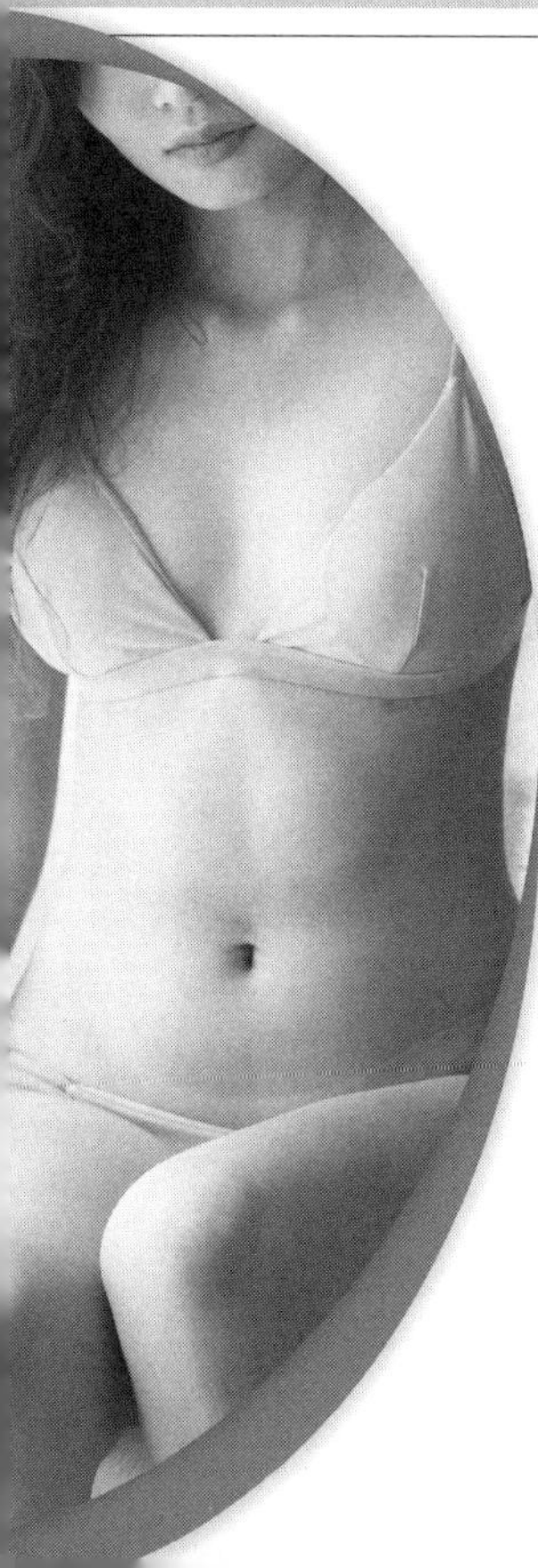

第二章　昇天！

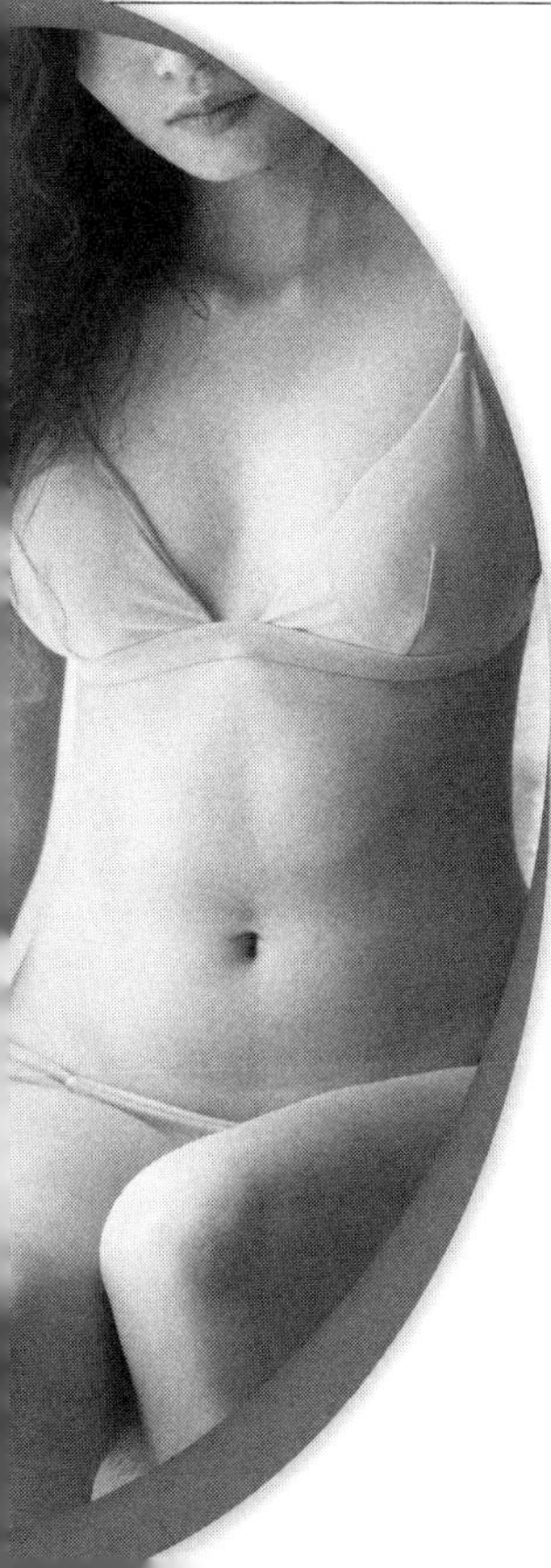

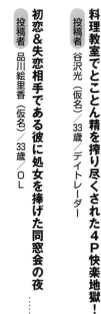

第三章　狂悦！

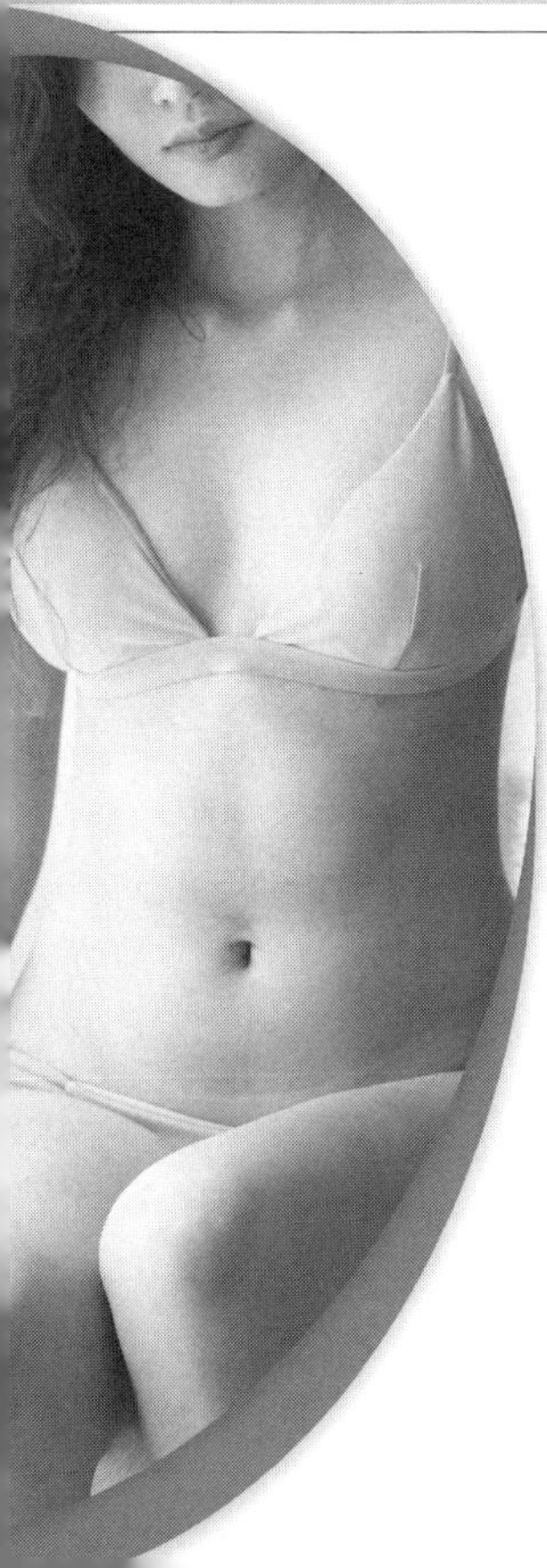

第四章

淫蕩！

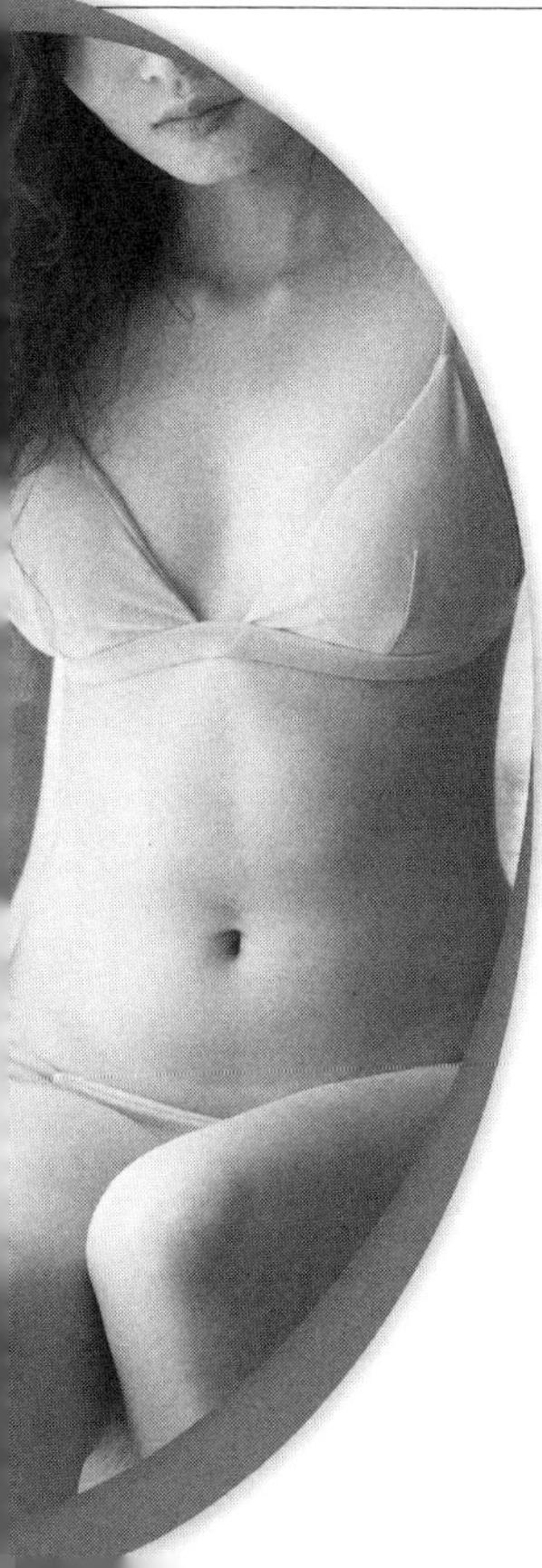

第一章

快感！

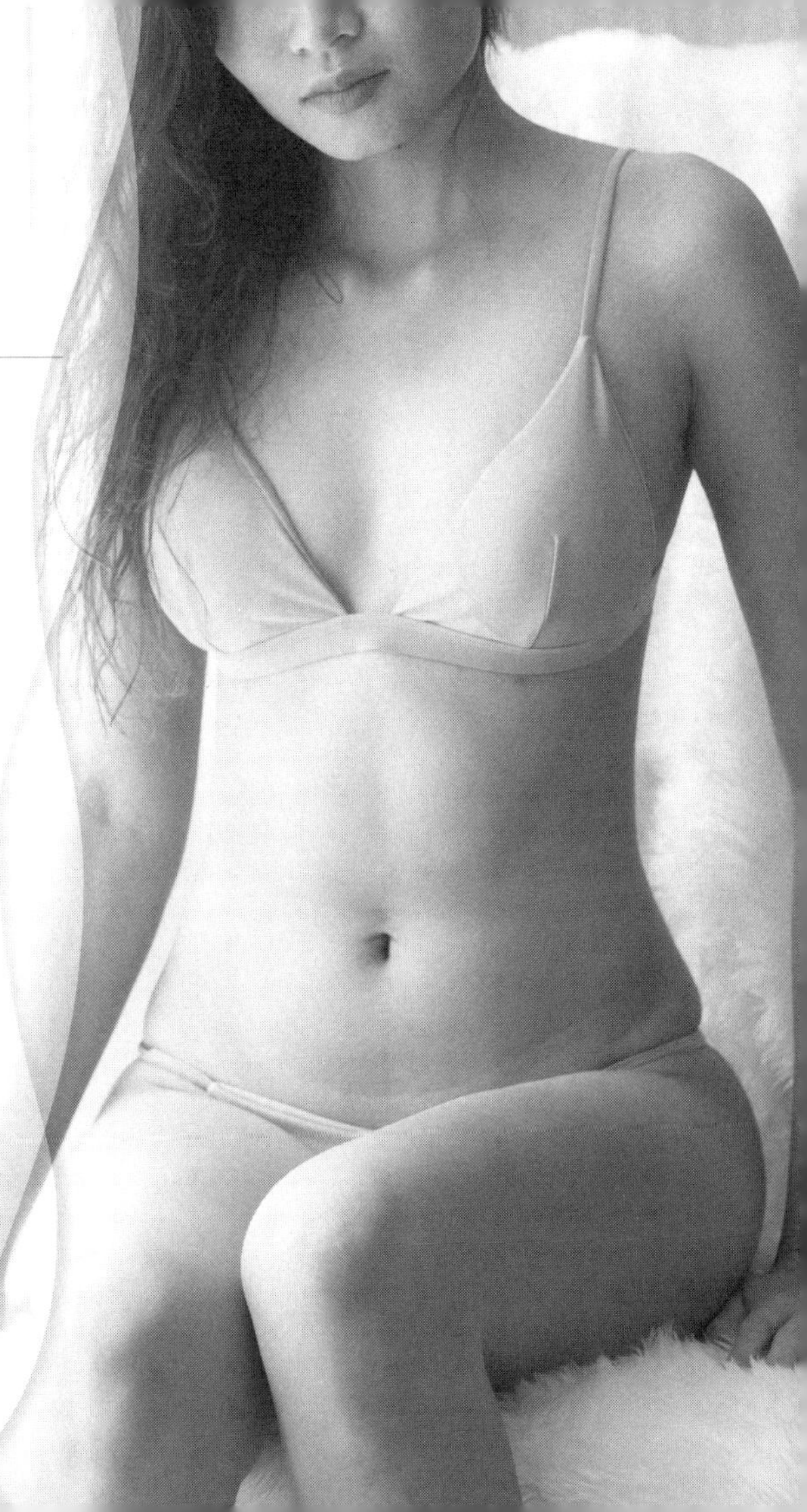

■彼らは私の裸体にからみつくと、兄弟で私の全身にむさぼりつき、舐め回し……

パート先で兄弟3Pセックスの驚愕快感に溺れて！

投稿者　佐竹麻衣（仮名）／28歳／パート主婦

　この春、小学生の息子が二年生に進級し、同時に学校帰りに塾に通い始めることになりました。これで私には、朝、夫と息子を学校に送り出してから、塾の授業を終えて息子が夕方四時頃帰ってくるまでの約九時間、自由な時間ができるということで、そのうち家事等に必要な分を除いた数時間を、以前からの念願だったパート勤めに使うことにしました。四つ年上の夫はまあまあの高給取りということもあり、「無理に働くこと、ないんじゃない？」と言って、あまりいい顔はしませんでしたが、私はどうしても働きに出たくて……結婚してからの八年間、妻として、主婦と母として、家事と育児にがんじがらめで息詰まるようだった日々から、少しでいいから解放されたかったんです。

　決まった勤めは、近所の洋食レストランのホール係でした。今どき珍しくチェーン店ではなく、地元で人気の個人経営店でした。亡くなった初代オーナーシェフである父親のあとを二人の息子が受け継ぎ、兄の博之さん（三十四歳）が厨房を料理長として切り盛りし、弟の雅之さん（三十二歳）がマネージャー兼ホール長として指揮を執っていましたが、ホール係のベテランスタッフが家庭の事情で急に辞めてしまったため、ランチタイムの十一時から十五時までの四時間でいいから、すぐに働ける人材を急募していたのでした。この際、初心者だろうがパート主婦だろうがかまわないという感じで、応募即採用になっちゃって。私としても渡りに船でした。

ひと口で言うと、兄の博之さんは職人気質の料理人らしく無口で頑固で不愛想な、ちょっと近寄りがたいタイプで、弟の雅之さんのほうは接客系らしくソフトで人当たりのいいタイプでした。

そんな二人の間で、慣れない私は最初こそ失敗の連続で迷惑のかけっぱなしだったものの、どうにか少しずつ仕事の要領を覚えると気持ち的にも余裕ができたのか、博之さんも決して怖い人ではないことがわかってきて、それなりに気心の知れた感じでチームワークらしきものも生まれてきたように思います。

そんな、私が働き始めてから一ヶ月半ほどが過ぎた頃のことでした。二人から思いもよらない嬉しい申し出を受けました。

「遅まきながらで申し訳ないけど、佐竹さんの歓迎会をしたいと思うんだけど」

「ああ。正直、一ヶ月続くと思わなかったんだけど、すごくよくやってくれて、これなら大丈夫かなって。もうきみも立派な戦力だよ」

と、相変わらず兄の博之さんのほうは何だか減らず口めいた物言いだけど、今ではそれも彼ならではの照れ隠しなんだってわかっています。

「ありがとうございます！　とっても嬉しいです！」

私は歓迎会の申し出を喜んで受諾したのでした。

夫にこのことを話すとしぶしぶ了解してくれて、お店の定休日である日曜に行われる歓迎会当日、夜九時まで家で息子の面倒を見つつ、留守番してくれることを承諾してくれました。

そして当日。

歓迎会開始時間の夕方五時に合わせて、二人の気持ちに少しでも礼を尽くそうと、自分なりに精いっぱいのオシャレをしてお店に向かうと、博之さんが心づくしの自慢の料理を揃え、雅之さんは目いっぱいの笑顔を湛えて出迎えてくれました。秘蔵のワインの栓が抜かれ、私たちは大いに食べ、飲み、語らいながら、気持ちよく酔い、楽しい時間は刻々と過ぎていきました。

そしてひと通り、そんな盛り上がりも落ち着いた七時過ぎ頃だったでしょうか。私にはなぜだか、それまでとは大きく場の空気が変わるのがわかったんです。

それは重くねっとりとして、えも言われず妖しく淫靡で、でもどうしようもなく荒々しい熱気に満ちていて……？

言い換えればそれは、どうしようもないほど熱く激しい欲望？

私は危機感を覚えると同時に、言いようのない昂りを感じていました。

女の勘でしょうか？

明らかに博之さんと雅之さん、二人のオスの欲望が、私に向けて放たれていることを知ってしまったんです。

気がつくと、二人が立ち上がって、椅子に深く腰掛けている私のことを見下ろしていました。そしてさらに突き付けられた、見間違いようのない現実……二人のズボンの股間部分が膨らみ、その内部は傲然と勃起していました。

「ひ、博之さん……雅之さん……？」

自分の喉から震えるような、でも一方で妙に甘ったるい声が零れるのが聞こえたかと思うと、それが合図になったかのように二人が私のカラダに群がってきました。

「佐竹さん……っ！」

「えっ、ええっ？　……あ、ああっ……！」

雅之さんの手が私のカーディガンを剝ぎ取り、ブラウスのボタンを外し……博之さんの手が私のスカートのホックを外し、ストッキングをめくり下げていって。

抵抗するわずかな暇も与えず、二人は私を全裸に剝いてしまいました。

普段は色白の私の肌が、酔いの影響でほんのりと薄桃色に染まり、何だかやたらエロチックに映るのが、自分でもわかりました。

「あ、ああ、佐竹さん……このカラダ、たまらないよ……」

「うう……ずっと……ずっとこうして触れてみたかったんだ……っ！」

雅之さんと博之さんが、声を上ずらせながら口々にそう言い、私の丸い乳房を揉みしだき、突き立った乳首をこねよじり、太腿を撫でさすり、股間をいじくり回してきて……その淫らな攻勢は見る見る激しくなっていきます。

「あ、ああっ……だ、だめっ……や、やめてぇっ……」

「何がだめなもんか！　ほら乳首、こんなにビンビンじゃないか！」

「そうだ、オマ◯コだってやたらヌルヌルしてきてるぞ！　本当は感じてるんだろ？　気持ちいいんだろ？　もっとシテほしいんだろ？」

「……そ、そんなぁっ……ああん……！」

正直にいえば彼らが言うとおり、二人が繰り出す、夫のつまらないセックスとは比べものにならない甘美な仕打ちに私は陶然と感じながら、思っていました。

お店を切り盛りすることに必死なあまり、結婚する余裕もないまま独身の二人……でも、大の男が有り余る性欲まで抑えつけることなんてできるわけがない！　きっと最初から私のことを……このカラダを狙っていたんだわ！

ここにきてそう気づいた私でしたが、だからといって後悔はありませんでした。私もいつしか二人のことを憎からず想い、その昂る思いを身中に溜め込んで……こうなることを望んでいたのだと思います。

そうこうするうち二人とも裸になり、私の裸体にからみつくと、兄弟で私の全身にむさぼりつき、舐め回し始めました。うなじを舐められ、乳首を吸われ、オマ○コをしゃぶられ、アナルをえぐられて……たまらない快感のうねりが私の体中でのたくり、覆いつくしてきます。

「あっ、ああん……はぁっ、あっ……あぁぁぁん……！」

私はそうやってはしたなくヨガリながら、自分からも彼らの肉体を求め、むさぼっていました。両脇に立たせた彼らの間にひざまずき、そのビンビンに勃起したペニスを、兄、弟、兄、弟……と交互に舐めしゃぶり、吸い立てて……。

「あうう……いいよ、佐竹さんっ……気持ちいいっ……」

「おおう、さ、最高のフェラチオだっ……！」

正直、これまで夫にはフェラする気持ちさえ湧かなかったのが、彼らに対してはしゃぶりたくて、しゃぶりたくてたまりませんでした。

そうやってさんざん性感と興奮が高まりまくった挙句、私と博之さん、雅之さんは三つ巴でつながり合い、交わり合い、ハメまくり、ハメられまくって……私はアソコで、クチで、彼らの射精を受け止め、飲み下して……これまで味わったことのないエクスタシーに翻弄されるままに、人生最高のオーガズムを迎えていたのです。

「あ、あ、ああっ……もうダメ！　イクイク！　死んじゃうぅぅ……あ、ああん、あはぁっ、あ、あああぁぁぁぁ～～～～～～っ！」

そして……生まれて初めての失神絶頂を迎えてしまいました。

もう、こんなスゴイの、クセにならないわけがありません。

この日以来、私は彼らの店でパート勤めに励みながら、時折、兄弟3Pセックスの底なしの快感の沼にハマるようになってしまったんです。。

■課長は複合機の縁にわたしの両手をつかせ、バックから挿入してきて……

初めてのオフィス不倫エッチでスリリング絶頂！

投稿者　久慈沙也加（仮名）／23歳／OL

わたし、妻子持ちの課長（三十二歳）と不倫してるんだけど、いつもはホテルでエッチするところを、ちょっとお金も時間もないしってことで、初めて自分とこのオフィスでヤッちゃった。

そしたらこれが、思いの他すっごいよくって……クセになりそうな感じ？

金曜日、十八時の終業時間。

その日は残業する人もいないらしく、「お疲れさまでーす」と言いながら次々と社員がはけていって、気がつくとオフィスには、わたしと課長だけが残ってた。

いつもは金曜はホテルで不倫エッチする流れなんだけど、給料日前は話が別。安月給のうちの会社じゃ誰もがもうふところに余裕がなく、この日も二人、寂しくまっすぐ帰宅するパターンかなあと思ってたら、課長が言った。

「なあ、沙也加、今日エッチしたくないか？」

「えっ？　でも課長、給料日前ですよ？　ホテル代、大丈夫なんですか？」

エッチしたいのはやまやまだけど、シビアなわたしがそう言ってわびしい現実を指摘すると、課長は、

「ん？　要は金がかからなきゃいいんだろ？　簡単じゃん」

と言い、怪訝な顔をするわたしに向かって、

「エアコン完備で快適で、楽に横になれるソファーもある、このオフィスでやりゃあいいじゃん。だろ？」

と言い放ち、あまり似合わないウィンクを投げてよこしたの。

「ええっ、ここでですか？　ヤバくないですか？」

予想だにしない課長の言葉に驚いて、そう訊き返しちゃったわたし。

でも課長は平気な顔して椅子から立ち上がると、つかつかとこっちに歩み寄ってきて、座っているわたしの背後から両肩に手を回して覆いかぶさってきた。

「イヤかい？　中からロックしちゃえば誰も入って来られないし、防犯カメラなんて気の利いた代物もここにはないから、気兼ねなく快適にエッチできると思うけど？」

わたしのすぐ耳朶に唇を寄せ、熱い息を吐きかけ震わせながら言う。

たまらずゾクゾクと身悶えしてしまうわたし。

「ね、しようよ、ここで。たっぷり愛してあげるからさ」

そう言うと、課長はわたしの制服のブラウスのボタンをプチプチと外して前を開け、ブラのカップの隙間から武骨な指を差し入れて、ヤワヤワと乳首周辺の乳肉を撫でさすってきた。乳首に触れるか触れないかの微妙なタッチが、えも言われずじれったい快感を湧きたたせちゃう。

「……あ、ああん……ダメよ、課長……窓からお向かいのビルの人に見られちゃうかもしれないのに……」

私が頬を上気させ、身悶えしながらそう訴えても、課長は平気な顔。

「大丈夫だよ、お向かいの会社、いつもこの時間には真っ暗じゃん。でもまあ、万が一誰かいても、見たいなら見せてやれば？　俺らがヤッてる姿で、オナニーでもセンズリでもすりゃあいいんだ」

なんて開き直っちゃう始末。

そして素早くドア口に行ってロックして戻ってくると、改めて行動再開、とうとうあっという間にわたしのブラをむしり取っちゃった。

人から大きくて形がいいってよく言われる乳房がタユンとあらわになって、課長は待ってましたとばかりにそれを鷲摑むと、時折乳首を指先でしごき上げるようにして刺激を加えながら、荒々しく、でも絶妙の力加減でムギュムギュと揉みしだいてきて。

「はぁ、あ、ああ……あうん、くぅ……んあはぁっ……」

甘い感覚に悶えあえぐわたしの嬌声は止まず、連動して下半身がズキズキと疼き、股間の中心が熱くぬかるんでくるのが自分でもわかる。

と、次の瞬間、課長は椅子をクルリと回転させて、私を自分の正面に向かせた。そして舌なめずりしながら言う。

「さあ、沙也加の大好きな俺のオチン〇ン、思う存分しゃぶっていいんだよ?」

「あ、ああん……うれしい……ん、んぐ……はぐっ」

もうすっかり課長の淫らな手戯と口車に乗せられ、さっきまでお向かいさんの目を心配していたことなんてどこへやら、淫乱モード全開に昂っちゃったわたしは、何のためらいもなく彼のズボンのジッパーを下げ、中から勝手知ったるペニスを取り出すと、パクリと咥え込み、チュパチュパ、ジュルジュルと舐めしゃぶり始めた。課長ってば、さっきトイレに行ったときにあまりよくオシッコのしずくを切ってなかったらしく、ほんのりとアンモニアの味と香りがしたけど、それがまた余計においしくて……わたしは無我夢中でフェラに没頭しちゃった。

「うう～ん、いい、いいぞ、沙也加……おまえのおしゃぶりはサイコーだ！」

しばらくそういってヨガってた課長だけど、「……うっ！」と一声唸ると、いきなりドピュ、ドピュッ！　ってわたしの口内に思いっきり発射しちゃって！

「……ん、んぐ、んぐんぐっ……ゴクン！　や、やだ課長、自分だけとっとと出しちゃうなんて、ズル～イ！」

なんとかザーメンを飲み下しながら、そう言って怒って見せるわたし。

「悪い悪い！　気持ちよすぎてどうにもガマンできなかったよ～……でも、まだイケるから安心して。さあ、沙也加のこともたっぷり気持ちよくしてあげるから……ほら、こっちにおいで」

課長はそう言うと、課内に一つだけある空きデスクの上にわたしを上がらせ、自分もそれに続き、何も載っていない広々としたデスクの上で、わたしたちはお互いの服を脱がせ合っていった。そして二人とも全裸になると、座った状態で課長はわたしを後ろから抱きかかえるような格好になって……乳房を揉みしだき、アソコをいじくり回して……そのイヤラシイ姿が、夜になって真っ暗な窓ガラスに鮮明に映ってて、わたしは否応もなく自らのその痴態を見せつけられることになっちゃった。

「あ、あああん……やだ……恥ずかしいよお！」

「恥ずかしいもんか、とってもステキだよ！」

課長の指戯とあられもないシチュエーションのおかげで、わたしのソコは見る見るヌレヌレのぐっちゃぐちゃ！　ちょうど腰骨の辺りで、復活した課長のペニスがムクムクと再勃起してくるのを感じながら、もうたまらずおねだりしちゃったわ。

「ああん、課長……早くその大きなオチン◯ン、わたしのオマ◯コに入れてぇ！　奥の奥まで疼いて仕方ないのぉっ……！」

「よし、まかせとけ！」

課長はそう応えると、わたしをデスク上から下ろして、ちょうどいい感じの高さの複合機の縁に両手をつかせ、バックから挿入してきた。待ちに待った快感がわたしのオマ◯コを貫き、課長の激しい腰の抜き差しの動きに合わせて、わたしもお尻を前後させちゃう。まるで、今まさに周りで忙しそうに立ち働く同僚たちの姿が見えるみたいで、そんな妄想がエクスタシーを倍増させちゃうみたい。

「あぁん……いいっ！　最高！　イッちゃう～～～っ！」

そして課長は本日二発目を外出しで床の上にドピュッと。

ほんと、想像以上の気持ちよさに失神しちゃいそうなわたしだったけど、ちゃんと課長に床の掃除を言いつけることは忘れなかったわよ！（笑）

■その人の絶妙のローター遣いに翻弄されて、とうとう私は身をのけ反らせて……

おのぼりさんの私を淫らに堕とした快感セールスマン

投稿者　三浦きらり（仮名）／20歳／大学生

どうしても行きたかった東京の大学に二浪の末に合格し、この春、田舎の実家を離れて上京、ワンルーム賃貸マンションでの一人暮らしが始まりました。何分、根っからの田舎者なので通り一遍の知識しかなく、初めての都会暮らしは不安だらけ……当初は大学の授業に出る一方でなかなか友達もできず、親から十分な仕送りをしてもらっていることもありアルバイトをすることもなく、引きこもり気味の生活を送っていました。

そんな、午前中の講義しかなかったある日、ランチは外で軽く済ませて帰ってきて、さて、洗濯でもするかと思っていたところ、玄関チャイムが鳴りました。

実はその時点で上京十日目ぐらい。まだ私は自室に誰の訪問も受けておらず、初めて部屋に響き渡った訪問者を告げる音に、ドッキーン！　と心臓が飛び出すかと思うぐらいビビッてしまいました。

なになにっ⁉　いったい誰が来たの？

私は恐る恐る、忍び足で玄関へと向かい、そーっとドアの覗き穴から外を窺いました。するとそこにいたのは、四十代ぐらいで小太りの、いかにも人のよさそうな笑顔を浮かべた、きっちりスーツ姿のおじさんでした。未熟者の私は、その外見だけですっかり気を許し、ついついドアを開けてしまったのでした。

「こんにちはーっ、突然お邪魔してすみません。おやおや、これはかわいいお嬢さんだ。あの、ちょっとお時間、よろしいでしょうか？」

「は、はあ……」

およそ人から『かわいい』とか言われたことのない私は、ドギマギしながらもちょっと嬉しくて、女性向け商品のセールスマンだというその人を、あまり警戒することもなく易々と部屋に上げてしまいました。本当にこじんまりとしたワンルームなのでキッチンも座れるスペースなどなく、仕方なくベッドが置かれたメインの八畳ほどの洋間で話を聞くしかなかったのですが……。

そんな、私のちょっと後悔めいた表情を察し、まるでそれを打ち消すかのように、その人はひときわ明るく饒舌にセールストークを始めたのですが、なんとその商品とはアダルトグッズ……いわゆる『オトナのおもちゃ』だったのです。

さすがにドン引きし、言葉もなくしてしまった私の様子を窺いながら、その人は手にした男性器形のバイブレーターや可愛いピンク色のローター類が、どれほど特殊なモノではなく、たくさんの女性が普通に使っている当たり前のモノであるかを力説しだしました。すると、さすがセールストークのプロ、その立て板に水のような語り口を聴いているうちに、私もだんだんそんな気がしてきました。

（そっか、クラスでひときわ真面目そうな顔してる彼女も、幼い雰囲気の彼女も……実は皆、こういうの使って密かに愉しんでるのね。私が使っても、おかしいことなんてないんだ……）

もちろん私は処女というわけではないし、今は付き合ってる相手もいないけど、ときたま自分の中で疼く『オンナ』の部分を認めないわけにはいかず……いつもは指で慰めてるのを、こういう器具を使うともっと効率よく、もっと気持ちよくなれるのかも？　私は、その人から手渡されたバイブレーターのスイッチを入れ、そのウネウネ、ヴゥ～ンと妖しく動く様を直に確かめながら……でも、あともう一歩、「買います」とは言えない、煮え切らない状態にありました。

するとそのとき、その人が言いました。

「よかったら僕が、実際にわかりやすく使い方を手ほどきしますけど、どうです？」

　今思うとけっこうなトンデモ申し出ですが、相変わらず人のよさそうなニコニコ顔で言われると、私は「それもいいかな」と思ってしまったのです。

「お願いして……いいですか？」

「はいっ、もちろん、喜んで！」

　まるで居酒屋のような快活さでそう言うと、その人は、

「承知しました。安心して僕にぜんぶ任せてもらっていいですよ」

と、今度はソフトでムーディーな口調に切り替え、まずは私の服をゆっくりと脱がしてきました。パーカーを脱がし、その下の長袖Tシャツを脱がし、そしてジーンズを脱がして……私はブラとパンティーだけの姿になりました。

「雪のように白くてきめ細かでキレイな肌……なんてすばらしい！　じゃあ、下着のほうも取らせてもらいますね」

　そして続いて、ブラとパンティーも脱がされて。

「う～ん、小ぶりだけど形のいい完成度の高いオッパイ。薄すぎず、濃すぎず、ちょうどいい生え具合のかわいい茂み……お嬢さん、完璧ですよ！」

　そんなふうに言われて、ますます私はウットリいい気分。

「はい、それじゃあいよいよいきますよ。カラダの力抜いてくださいね～」

その人の手にした小さくてかわいいピンク色のローターが、ヴゥ～ンと振動しながら少しずつ乳首に近づいてきて……まるで空気の震えがチェリーの先端に伝わってくるみたいで、もう私の性感はゾクゾク！　たまらない気分になってしまいます。

そしていよいよ、ローターが直に乳首に……！

「ひあっ！　……あ、ああ、あふぅん……んっ、んふ、ふあぁぁあっ……」

甘い電流がビリビリと乳首を震わせ、快感のウェーブが渦を巻きながら乳房全体へと広がっていって……私の喉からほとばしる官能の嗚咽が止まりません。

「あひっ、ひっ、ひぃ……んはっ、あ、あん……んあぁ！」

ときに乳首をすりつぶさんばかりに強く、ときに触れるか触れないかぐらいにセンシティブに……その人の絶妙のローター遣いに翻弄されて、とうとう私は身をのけ反らせてその場に横たわり、ますます悶え喘いでしまいます。

「ああ、いいですねえ、かわいい乳首が精いっぱい背伸びするようにツンツンに勃起して……素敵にセクシーですよ。それじゃあ今度は下の茂みのほう、いきますよ。どれどれ……うん、いい感じで濡れてるみたいだから、こっちの太いの入れても痛くはないかな。ほらほらっ……」

続いてその人は、オッパイを片手のローターで責めたまま、同時にウィンウィン、ヴヴヴブゥゥゥ～～～ンと震えのたくるバイブレーターを私のアソコに！　ヌブヌブ、ヌチュチュ、ジュル、ズズズズッ！　柔らかい肉ひだが無情に蹂躙され、シリコンのような感触の材質でできたその本体が膣道いっぱいをふさぎ、巧みに強弱をつけながらクネクネとうごめいて……オッパイへの刺激とあいまった未体験のカイカン衝撃が私の全身を貫き、天にも昇る陶酔を伴って翻弄してきます。

「あ、ああっ……ひぃ！　んくっ、ううっ、あはぁっ……！」

「どうです？　イイでしょう？　痛いことなんてないでしょう？　ほらほら、イキたければイッてもいいんですよ？　ああ、こんなに汁だくになって……かわいいけれど、なんてエッチなお嬢さんなんだ！」

「ひあっ！　あ、ああ……イ、イク～～～～～～～～～～～！」

絶妙の淫戯と煽りに追い立てられて、私は未だかつて味わったことのない快楽の頂点に達し、その気持ちよさのあまり一瞬失神してしまっていました。

結局私はその人から、ローターとバイブを一本ずつ、しめて一万五千円分を購入しました。大事な親からの仕送りをこんなものに使ってしまい、申し訳なさはありましたが、それ以上に今後のオナニーライフが楽しみになって仕方ない私なのでした。

■六本の手が代わる代わる乳房を揉みしだき、乳首をこね回し、脇腹を這い回り……

三人の男の精を受け入れた世にも淫らな儀式の果てに

投稿者　緑川咲良（仮名）／30歳／看護師

夫の賢太郎との馴れ初めは、私が看護師として勤める整形外科病院に、交通事故で足を骨折した彼が入院してきたことでした。そこで病棟担当看護師として彼のお世話をしているうちに、お互いに惹かれ合うようになって……彼の退院後、改めて交際することになり、結婚を決めるまでそれほど時間はかかりませんでした。

ついては、私の実家は近いので、彼がうちの両親に挨拶に来ることは簡単だったのですが、彼の実家のほうが遠く九州の離れ小島にあるということで、飛行機と連絡船を乗り継いで十時間近くかけて行かねばならず、そうおいそれとはいきません。あらためて、先の二月後半の三連休を利用しての二泊三日で、私は初めて彼の実家へ挨拶に赴くことになったんです。

その旅程は大変でしたが、島で漁業を営んでいるという彼のご両親は快活でやさしく、都会の嫁である私のことを快く歓待してくれて、ホッとしたのを覚えています。

まさかそのあと、あんなあり得なさすぎる洗礼が私のことを待ち受けているなんて、夢にも思わず……。

行ったその日は、彼のお父さんが自ら船を出して獲ってきた新鮮な海の幸と、おいしい島の地酒をふるまってもらい、お風呂でゆったりと長旅の疲れを癒しつつ、快適・快眠の夜をすごすことができました。

そして二日目、私は賢太郎さん共々お父さんに連れられて、だいたい皆近所に住んでいる親戚筋と、同じ集落のご近所さんたちへ挨拶して回りました。ほとんどの人が気持ちよく出迎えてくれましたが、中の数人の男性たちから全身を舐め回すような視線で見られたような気がして、ちょっとイヤだなと思ったものです。

明日は向こうへ帰るというその日の夜。夕食後、あちこち連れ回されて疲れてしまった私は、汗はそれほどかいてないからお風呂はいいかなあと、早々に休みたかったのですが、彼のお母さんから、

「だめだめ、お風呂に入ってちゃんと体を洗ってきれいにしないと」

と、なぜか強めに言われ、仕方なくその通りにしました。

お風呂から上がったときには、夕食のときにまた少しふるまわれた地酒の酔いもあって、全身の力が抜けるような感じで火照りくたびれきった私は、家のはなれに敷か

れた布団に横になるやバタンキュー！　そこへ賢太郎さんの、

「じゃあ僕は、これから久しぶりに昔からの幼なじみたちと飲んでくるね。帰りはけっこう遅くなるから、遠慮なく寝てていいからね。じゃあ行ってくるよ」

という言葉を子守歌のように聴きながら、

「は〜い、行ってらっしゃ〜い……」

応えつつ、泥のように眠ってしまったのでした。

そのとき、ちらりと見た時計で、時刻は夜の九時半頃だと知りました。

それからどのくらい眠っていたでしょう。

まだ辺りが真っ暗な中、私はなんとなく体に違和感を感じながら目を覚ましました。時計を見ると十二時半。さっきからまだ三時間しか経っておらず、隣りの布団を見ると賢太郎さんもまだ帰ってきてはいないようです。

（幼なじみの皆に会うのは五年ぶりって言ってたかな。そりゃあ一晩じゃ語り尽くせないくらいの話もあるわよね）

そんなことを思いながら、再び眠りにつこうとした私でしたが、次の瞬間、全身が固まってしまいました。さっき私を目覚めさせた違和感の正体に気づいたからです。

ほぼ何も見えない暗闇の中、ぼんやりと感じる人の気配が二人……三人……？　それらが浴衣姿で寝ている私の体の各所に取りついて押さえつけていたのです。

ええっ⁉　ちょっと何？　いったい皆何してるんですか⁉

と、大声で難詰したつもりでしたが、実際に声は出ておらず……私はただ口をパクパクさせているだけでした。夕食のときに飲まされた地酒の中に、そういう作用のある何かを盛られていたのかもしれません。

同じように、体のほうも全身ぐったりして力が入りませんでした。

声も出せず、手足も動かせず、私は三人いると思われる謎の闖入者にされるがままの状態でした。

スルスルと帯が解かれ、浴衣の前がはだけられると、私は裸にパンティ一枚だけの姿でした。そうやってあらわになった肌に、三人の……都合六本の手が這い寄り、好き放題に撫で回し始めました。それらがすべて、賢太郎さんのお父さんと同じく武骨でたくましい漁師の手であるように感じられました。

それらが代わる代わる乳房を揉みしだき、乳首をこね回し、脇腹を這い回り、腰回りを撫でさすって……不思議なことに、体の力は入らないくせに、全身の感覚は鋭敏に研ぎ澄まされ、すべてのタッチが実際の数倍ほども私の官能を増幅してくるかのようでした。

（……あ、ああっ……やだ、こんな……イヤなのに……すごく感じちゃう……）

私は声にならない喘ぎをあげながら悶え、乳首を尖らせ、アソコを熱く濡らしてしまっていました。

「ああ、やっぱりお手入れの違いかなあ？　島の女たちとは肌の白さもなめらかさも全然違う。すべすべして吸いついてくるみたいだ」

一人の声がそう言いながら、私の耳朶からうなじを舐め回してきます。

「うんうん、この乳も張りがあって、つきたての餅みたいにフワフワ、ヤワヤワして……たまらんなあ」

別の一人が乳房を揉み回し、乳首を舐めしゃぶりながら言います。

「どれどれ、こっちは……おお、ちゃんとキレイに洗ってきたみたいだな。石鹸のいい香りがするよ。まあ、すぐにいやらしいぐらい生臭い香りに変えてやるけどな」

イッヒッヒ……と淫猥な含み笑いをしながら、残る一人がパンティを取り去り、私のアソコの匂いを確かめつつ、舌で肉豆をつつき、秘肉をこじ開け、中の肉ひだを啜り上げるように掻き回してきます。

（……あぁっ、あ、はぁぁ……だめ、やめてぇっ……）

音をなさない声で、そうあえぎ、訴える私でしたが、それとは裏腹に全身の性感がどんどん高まっていくのが、イヤでもわかります。

「おおっ、乳首がこんなにツンツンにおっ立ってぇ！　いやらしいのお」

「オ〇コだってスゴイぞ！　したたるぐらい濡れてジュクジュクじゃあ」

「よし、それじゃあそろそろ本番といくかのう。お嫁さん、わしら一族の一員になるための儀式を始めさせてもらうぞ」

（い、一族の一員……？　儀式……？　な、何言ってるのぉ？）

混乱する私におかまいなく、三人の行為は活発化していき、いきなり私の口に太くて固いものが突っ込まれてきて……もちろん、勃起した男根のようでした。「歯を立てるんじゃないぞ？　ほら、しゃぶって、しゃぶって！」盛んに私にフェラチオを求めてきて、この状況じゃ私も拒絶するわけにもいきません。

「……はぐっ、うう、んぐふぅっ……」

私はくぐもった呻き声を漏らしながら、必死で舌を使って。

「おお、いいぞ……ほれ、その裏筋をもっと舐め上げて……ううっ！」

ヨがるその声を聴きつつ、また別の声が、

「よし、おれはこっちを使わせてもらうぞ」

そう言いながら、やはりいきり立った太くて熱い肉の棒を、私の乳房をすりつぶすように押しつけ、乳首もろともこねくり回してきました。

そして残る一人は、私の両脚を左右に大きく割り開き、ぱっくりと淫らに口を開けたアソコに、その感触で明らかな極太のイチモツとわかる巨根を突き立て、ヌブヌブと貫き沈めてきました。

そしてここでようやく、

「……ひあっ、ああ、あああぁぁぁ～～～～～っ！」

咽頭を引き裂くように喜悦の悲鳴がほとばしり、全身の脱力感も消え自由を取り戻してきた私は、張り切った弓矢の弦のように大きく身をのけ反らせ、悶え感じてしまっていたのでした。今や、謎の三人の男たちから注ぎ込まれる『儀式』による、それまで感じたことのない悦楽の奔流に翻弄され、支配されるままに、私に抵抗しようとする意思など微塵もありませんでした。

「ああ、キュウキュウ締まって、本当にいいオ○コだ……ううっ、うっ！」

「よしよし、今度はおれだ！　ほれ、代われ代われ！」

私の中で放出した一人を押しのけるようにして、二人目が挿入してきました。さっきよりも細いけれども、その代わり長い竿がズンズンと子宮の奥まで突いてきます。

「ああん、あ、はあっ……あふぅぅ～～～～～！」

「おおっ、おお、おふぅ～～～～っ……んぐっ！」

そして二人目がイキ、代わって三人目のイチモツが貫いてきて。

その人は、かなりあっという間に果ててしまいましたが、そのとき、部屋の戸が開いて、なんと新たな四人目が入ってきたようでした。その人が近づいてきて、

「ご苦労様。三人の我が親族の男たちに続いて、最後に僕がおまえの中で放出すれば、これで儀式は完遂、晴れて一族の一員だよ」

と耳元で囁いたとき、私は驚愕のあまり気を失うかと思いました。

それはまぎれもなく、愛する賢太郎さんの声だったからです。

そう、彼はこの淫らで神聖な『儀式』のことをすべて承知の上で、私をここに連れてきたのでした。拒絶されないよう内緒のままで。

そしていよいよ、先に三人が注ぎ込んだ精液でドロドロに乱れとろけているソコに賢太郎さんが挿入し、放出し……混ざり合った同じ一族の四人の男の精を受け入れ、私は遂に一族の女になったのでした。

伝統ある固い絆で結ばれたようで、いま私はとても幸せで安心感のある結婚生活を送っているのです。

■麻耶は乳首を吸いながら、手を私のアソコにやってクリ豆やヒダヒダを……

同僚の思わぬレズ官能の罠にハメられた温泉旅行の夜

投稿者　宮内千夏（仮名）／25歳／ショップ店員

ある日、駅ビルにある同じ女性向けセレクトショップに勤める同僚店員の麻耶が、こんなこと言ってきたの。

「千夏～、ヤバイよ、ヤバイよ！　あたし、何気なく応募したギャル雑誌のプレゼントで、なんと温泉旅行が当たっちゃったの！　熱海のホテルでペアで一泊二日なんだけど、ねえねえ、一緒に行かない？」

「え？　麻耶、そんなのカレシと行けば……」

って言おうとして、私、あ、そういえば麻耶ってこれまでカレシいるって聞いたことなかったなあって思い直して……まあ、ぶっちゃけ私もついこの間、誠也と破局したばっかかで絶賛フリー中なんだけどね。

ってことで、まあまあ仲のいい彼女からそう誘われて、お互い気楽なフリー同士だし、こんなおいしい話、乗らない手はないんじゃない？　って行くことにしたのね。

ちょうどうまい具合にその月末、駅ビル自体が壁面の修繕工事で丸三日間、全館休業になるしってことで、そのタイミングを使うしかないっしょ！　ってね。

当日、駅で待ち合わせた私と麻耶は、お昼ごはん用に各自駅弁を買い込み、新幹線に乗り、一路熱海へ！　キャイキャイ言いつつ駅弁を食べながらの時間は、もう楽しくてアッという間。午後一時頃向こうに着くと、、その足でとりあえず目ぼしい観光スポットを見て回り、おやつに温泉まんじゅうを買い食いしたり……これまたと～っても楽しかった！

そしてホテルにチェックインしたのは午後四時頃。

二人部屋の和室に通された私たちは、まずは温泉でしょーって、浴衣に着替えてホテル内の大浴場へ。旅の疲れってほどでもないんだけど、ゆっくり温泉に浸かってくつろいだわ。ほんと、気持ちよかった～。……ただそのとき、当然二人とも裸なわけだけど、なんか麻耶の私を見る目がヘンっていうか……舐めるような潤んだ瞳がちょっと気になったのよね。まあ、その時点では気のせいだと思ったんだけど。

そんなこんなで温泉から上がったあと、私たちは大食堂の夕食バイキングへ。

地物の海の幸を中心に、和洋中の料理が所狭しと並べられ、もう何から食べればいいか目移りしちゃうくらい。結局、お腹が破裂しちゃうんじゃないかっていうくらい食いまくって、これはオプションだけど、麻耶と二人、ビールもまあまあの量を酌み交わして……もう限界ってところでお開きにして、部屋に戻ったわ。六時半頃から食べ、飲み始めて、もう夜九時近かったかな。

部屋でパンパンのお腹とビールの酔いが落ち着くまでしばらく休憩したあと、さあ、もうひとっ風呂浴びるか！　と、本日二度目の温泉へ向かった私たち。そのとき、実は私はまだ酔いが抜けきっておらず、ちょっと頭もカラダもふらつき気味だったんだけど、まあ大丈夫でしょ！　ってね。

今度は体を洗うこともなく、軽く浴びせ湯をしただけで、私たちは大浴場の大きな湯船に浸かって、しばしホ〜〜っと。すると、麻耶が言ったの。

「ねえ、あそこのドアから外の露天風呂のほうへ行けるみたいよ。ねえ、行こうよ」

その日の夜はちょっと肌寒かったので、正直私、遠慮したかったんだけど、麻耶がけっこうしつこく誘ってくるもんだから、ま、しょうがないかと。

実際、露天風呂のほうへ行ってみるとやっぱりけっこう寒くて、私たち以外の入浴客は誰もおらず、だよね〜？　って感じだったわ。

「ね、ね、浸かろ浸かろ？」

でも麻耶ったら、全然寒そうなそぶりも見せず、目をキラキラさせながら私の腕を摑み湯船の中に引っ張り込もうとしてきて。私も、観念して、シブシブ、ゴツゴツした岩で囲まれた露天風呂の湯船に身を沈めたの。私と麻耶、隣り同士ぴったり肌を寄せ合って、腰を下ろす格好ね。そしたら、

「うふふ、キモチいいね。千夏とあたし、二人っきり……」

と、麻耶がヘンなノリで話しだし、さらに肌を密着させてきたの。

私、何この女子高ノリ？　と若干引いたけど、

「……う、うん、そうだね。キモチいいね……」

って調子を合わせてあげた。

すると麻耶ったら、何を言いだすかと思えば、

「ほんと？　じゃあさ、もっとキモチよくしてあげるわ……」

と、目をとろんとさせながら、私のオッパイに触れてヤワヤワと揉んできたの！

思わず「……ひゃっ！」とヘンな声出しちゃった私だけど。きっと麻耶の悪い冗談なんだろうと気を取り直して、彼女の手をやんわりと押し戻そうとしつつ、

「ね、ね、麻耶……悪いんだけど、私やっぱり寒くってしょうがなくって……もう中のほうに戻ろ？　ね？」

って言ったわ。そしたら麻耶ったら、何て言ったと思う？

「向こうには他の人がけっこういるじゃん！　千夏と二人きりじゃなくなっちゃう……そんなのいやだよ～～～！」

って、すごい悲しそうな声あげながら、いきなり私の唇にキスしてきた！

もちろん私、もうチョーびっくりしちゃって、彼女の体を突き離そうとするんだけど、ほら、まだ十分力が入らないもんだから、いくら押してもビクともしない。

「……んぐっ、うう、んふぅぅ……ぐっ……」

「ぷはぁっ！　ああ、千夏、大好きよオ！　あたし、ずっと千夏とこうしたかったのお……あたしのいっぱいの愛で、千夏のこと、チョー気持ちよくしてあげるわ！」

とか言いながら、麻耶ってば一段と力を込めると、私の背中を露天風呂の岩のヘリに押しつけてきて、今度は私のオッパイを揉みながら乳首を激しく吸ってきた。

「……んはぁっ、あ、あひっ……だ、だめっ、麻耶ぁ……やめてぇ！」

「いやよ、絶対やめない！　ようやく大好きな千夏とこんなふうになれたんだから……それに、どんだけ声出しても、ここだと他の誰にも聞こえないわよ！　だからジタバタしないで、たっぷり愛し合おうよ……ね？」

テンション高く、ますます昂る麻耶に対して、どんどん消耗し、あきらめモードになっていく私……もう勝負あったたって感じ？

麻耶は乳首を吸いながら、手を私のアソコにやってクリ豆やヒダヒダをヌルヌルとまさぐり、ヌプヌプと抜き差ししてきて……彼女の勢いに押され、呑み込まれながら、私はもうあまりにも気持ちよすぎて、何だかどうでもよくなっちゃって……。

「ああ、ほら、千夏のココ、すっごい濡れてる……エッチな汁があとからあとから溢れ出てきて、これじゃあ温泉汚染だよ？　ねえ、他のお客さんにも迷惑だから、この続き、部屋に戻ってやろうよ。いいでしょ？」

私はコクコクとうなずきつつ、そこで軽くイッちゃってた。

そして部屋に戻ると、今や完全に落とされ、性感を昂らせまくられた私は、麻耶の思うがまま、したいがまま……布団の上でアソコを舐められ、指で掻き回され、「んあぁぁ……ひぃ、ひぃぃ……！」と身悶えしながらヨがりつつ、なんと自分からも麻耶のアソコやオッパイを愛撫しちゃってた。

「あぁっ……いいっ、千夏ぅ……嬉しい……感じるよぉ～～っ！」

「んあぁ……はぁ……あ、ま、麻耶ぁ……イク……またイッちゃう……！」

まんまと麻耶の温泉ご招待作戦にはめられて、レズエッチのよさに目覚めちゃった私。カレシがいないフリーの間なら、つきあってあげてもいいかなって思ってるの。

■大家さんはその固く突っ張った股間をグリグリと私のお尻部分に押しつけて……

大家さんから家賃のみならずカラダまで求められて！

投稿者 石丸莉絵（仮名）／32歳／パート主婦

私は夫と二人、築四十年近い木造賃貸アパートで暮らしています。風呂なしの六畳一間でトイレと二畳ほどのキッチンがついた、はっきり言って単身者向けの物件ですが、大家さんの好意で夫婦で住まわせてもらっているんです。家賃は今どき破格の月三万六千円。でもそれでも、私たち夫婦にとってそれは決して楽に支払えるものではありません。

実は一年前に夫の会社が倒産し、生活に困窮した私たちはそれまで住んでいた分譲マンションを手放し、このアパートに引っ越しました。失業保険が切れたあとも、思うような再就職先が見つからず、夫はほとんど日雇い同然のアルバイトで糊口をしのぎ、私も日に五時間・週六でパート勤務し、なんとかギリギリで家計を維持しているという現状なんです。銭湯も週に三回以上行かないようにしています。

ご主人が七十一歳、奥様が六十八歳という高齢の大家さんご夫婦も、そんなわが家の状況を知っていて、何かとよくしてくれます。知り合いの農家から取り寄せたという無農薬の野菜をくれたり、お歳暮でもらったという高級なお菓子をおすそ分けしてくれたり……二人のお嬢さんをすでに嫁がせてしまった寂しさもあり、私のことを娘のように思ってくれているのかもしれない……私は大家さんのご好意にふれるたび、そう思っていました。

『あのこと』があるまでは。

私が住んでいるのは今でも下町風情が色濃く残るところで、地域のつながりも強いとあって、大家さんと、私たちのアパートを管理する街の不動産屋さんの関係性もガチガチの杓子定規ではありません。月々の家賃の支払いも銀行振り込みではなく、大家さんのこだわりで、店子の我々が毎月大家さんの家まで直接、現金で家賃を支払いに行くという形をとっています。たぶん不動産屋さんとしては、他に管理している賃貸物件でこんなことをしている例はそうそう無いはずで、何かと面倒でしょうが、「月々きちんと家賃の受け渡しをして店子さんと実際に触れ合うことで、よりよい関係性を築きたい」という大家さんの意思を酌んで認めているのでしょう。

さて、『あのこと』の話です。

ついこの前の月末、私はアパートと同じ敷地内にある大家さんのご自宅まで、家賃の支払いに伺いました。いつも通り、玄関を入ってすぐ脇にある応接間に通されましたが、今日は奥様は趣味の華道のお仲間と終日お出かけということで、ご主人お一人で応対してくれました。

　私が現金で家賃を支払い、持参した支払い手帳に押印してもらうと、大家さんがこんなことを言いだしました。

「はい、ご苦労様。ところで、今日は四月にしては妙に暑いね。よかったら冷えたビールでも飲んでいきませんか？」

　決して嫌いなほうではなく、その日はお店の月イチの定休日でパートがなかったこともあり、私はありがたくご相伴に預かることにしました。冷蔵庫から取り出してきた缶ビールを大家さんから手渡されると、プシュッとプルトップを開け、軽く乾杯して……冷たい刺激が喉を潤すと、思わず「ぷはぁ～っ」と声が出てしまいました。

　その様子を目を細めて見ていた大家さんは、私が一本飲み干すと、盛んにお代わりを勧めてきました。私はとりあえず遠慮しつつも、結局は二本目もグビグビと空けてしまい……さらに続けてなんと三本目も！

　さすがにポーッと全身が火照り、フワフワと気持ちよくなってきました。

　さらにさらに四本目を勧めてきた大家さんでしたが、これ以上ご好意に甘えるわけ

にはいきません。私は、

「いえいえ、もう十分いただきました。本当にありがとうございます。ごちそうさまでした。それじゃあ、この辺で……」

と言い、立ち上がろうとしたのですが、酔いが足元にまで回っていてフラつき、なんと座っている大家さんの膝の上に倒れ込んでしまったんです！

「あ、ああっ！　ご、ごめんなさいっ！　私、なんてことを……」

焦りまくって体勢を立て直そうとするのですが、あがけばあがくほどドツボにはまったように起き上がれず……そんな私を見ながら大家さんが言いました。

「まあまあ、いいじゃないですか。わたしは嬉しいですよ、奥さんの温もりを直に感じられて……ああ、この肉感的なお尻の感触……すばらしい」

「……は、はあ……？」

ことここに及んで、私は大家さんの本当の思惑に思い至りました。

まさか、こうなることを見越して盛んにビールを勧めてきた……？

そしてそれを裏付けるように、大家さんは自分の膝の上に載った私の、綿パンツに包まれたお尻をスリスリと撫で回してきて……さらに、スリュッとお尻の割れ目までなぞってくるものだから、私は「ひゃん！」とヘンな声が出てしまいます。

「や、やめてくださいっ……こんなっ……あぁっ！」

必死で抵抗して大家さんの手から逃れようとする私でしたが、アルコールの酔いで体が思うように動かず……そうするうちに大家さんは、薄手のカットソー越しに私の胸までまさぐり回してきました。もちろんブラは着けていましたが、大家さんの手の思わぬ力強さに乳房ごと揺さぶられ、その刺激はフワフワと酩酊する私の意識の中に思わぬ心地よさを醸し出してきました。

「あっ、ああん……だ、だめっ……大家さんっ！　そんなっ……あんなきれいな奥様がいらっしゃるのにっ……！」

「はん、あんなバーさん、もうここ十年ほど指一本触れてないよ！　でも奥さん、あんたのこの豊満なカラダを、いつもこれ見よがしに見せつけられて、わたしはここ最近、いつもビンビンだったんだ！　そんなこともうずっとなかったのに……」

その言葉に思わず大家さんの股間を見ると、たしかにズボンの前がものすごい勢いで突っ張っていました。そしてさらに興奮してきた様子の大家さんは、私のカットソーをめくり上げてブラを外し、ナマ乳房を両手で揉みしだきながら、その固く突っ張った股間をグリグリとお尻部分に押しつけてきたんです。

「……あふっ、んふぅ……は、あはぁん……！」

その『嬉しい』刺激にたまらず思いっきり喘いでしまう私。

実はうちの夫、会社が倒産してからこっち、心身ともに疲弊してしまったようで、アッチのほうもさっぱり……ずっとセックスレスで、私もここ最近、密かに欲求不満の身を持て余していたんです。だから……久しぶりのあの固くて熱い感触が、ジンジンと胎内に響いてきて……！

で、でもでも！　やっぱり人妻としてこんなのイケナイこと……私はなけなしの倫理観のもと、そう気を取り直して大家さんに抵抗しようとしたのですが……、

「なあ奥さん、もし私の思いどおりにさせてくれれば、向こう一年間、家賃を二万円に値下げしてあげてもいいんだよ？　どう？　悪い話じゃないでしょ？」

大家さんが持ち出した、あまりにも魅力的すぎる交換条件に、私は一瞬にしてノックアウトされてしまいました。大家さんに抱かれることで妻としては夫を裏切るかもしれないけど、同時に主婦としてはこれ以上ないほど家計に貢献できる！

完全な（?）大義名分ができてしまいました。

私がオッケーの意味のうなずきを返すと、大家さんは喜び勇んで私の服を脱がし始め、私はあっという間に全裸にされてしまいました。続いて大家さんも待ちきれないように息せき切って自分の服を脱いで……驚きました。その全身の筋肉はシワシワに

しなびて、いかにも老人の体なのに、股間から生え伸びたモノは夫の勃起時をひょっとしたら上回るかもしれないほどの見事な迫力でそそり立ち、大蛇のように鎌首をもたげた淫らな威容で私に迫ってきたんです。

私はたまらずソレにむしゃぶりつき、それに応えて大家さんもシックスナインの格好になって私のオマ〇コを舐めしゃぶってくれました。そうやってお互いにとことん気持ちよく昂り合ったあと、ついに大家さんのイチモツが私の中に……！

「……あっ、ひぃぃ……んあっ、ああ、はんっ……！」

「おお、ピチピチのムチムチだぁ！　わたしのモノをキュウキュウ喰い締めてきてっ……うう～、奥さんサイコーだよぉ～～～！」

「ああっ、奥まで……奥まで当たってるぅ～～……い、いいの～～！」

「くはっ、あっ……ああ、もうダメだっ……出るっ！」

「あひっ！　ひっ……イクイク！　イッちゃう～～～～！」

それはもう、久しぶりの最高のセックスでした。しかも向こう一年間、総額十九万円以上の家賃節約も成し遂げたわけで……夫に対する申し訳なさはさておき、私としては文句なしの取れ高となった一日といえるでしょう。

■いきなり彼女は僕の亀頭をニュプリと咥え込むと、そのままズブズブと口内に……

試着室内で繰り広げられた和風美女店員の秘密の淫行

投稿者 宮内大地（仮名）／26歳／会社員

これはまだ僕が新卒バリバリのフレッシュマンだった頃の話。

初めてのボーナスをもらい、大半は貯金するつもりだったものの、何か一つ、自分の欲しいものを買おうと思って考えたのが、ちょっとしたお呼ばれなんかにも着て行けそうな、おしゃれでかっこいいスーツだった。予算はがんばって六万円以内。

ってことで、ある天気のいい日曜日、街でいちばん大きな紳士服の店に向かった。

最初に出くわした店員さんに希望する商品のイメージを話したら、そっちカテゴリの担当だといって、一人の女店員さんにつないでくれた。たぶん歳は三十代前半ぐらい。艶やかな黒のロングヘアで、おしとやかな和風美人といった感じ。制服の胸のネームプレートを見ると『中尾』と書かれていた。

「なるほど、なるほど。それではこちらへどうぞ」

改めて僕の説明を聞いた彼女は、そのカテゴリの商品が置かれた売り場へと案内してくれた。もちろん、予算枠的にオーダーメイドはないから、吊るしの既製品ということになる。まあ僕は、日本人男性としては至って平均的な体格なので、寸法直しも最低限で済むとは思うが。

　僕はそこで三十～四十分ほど見て回った末、気になった三着ほどの試着をお願いし、結局その中から、ちょっと光沢のある生地のブルー系ストライプの一着に決めた。

「承知いたしました。それではズボンの裾詰めのための仮止めをしますので、もう一度試着室のほうへどうぞ」

　中尾さんはそう言い、僕は再び試着室へ。

　靴を脱いで中に入り、穿いてきたジーンズを脱いでスーツズボンに穿き替えると、

「すみませーん」と外に声をかけた。すると中尾さんが入ってきたのだが、そのとき、なぜか中尾さんが自分の脱いだ靴を、サッと試着室内に隠すように入れたのを見て、

「？」と思ったが、さして気には留めなかった。

　中尾さんが試着室のカーテンを閉めて僕の前にひざまずく格好になった。

　狭い試着室内、ほとんど密着するような感じで、女性の顔が自分の股間部分すれすれにあるかと思うと、なんだか妙に落ち着かない。

　こらこら、バカか自分？　彼女はあくまでズボン丈の裾詰めのために今こうしてる

のであって、何スケベなこと考えてんだ？

僕はセルフツッコミをしながら、精いっぱい気を落ち着かせて彼女が作業する様を見守ろうとしたのだが、そのとき思いがけないことが起こった。

ひざまずいた中尾さんが上目づかいに僕のほうを見上げ、ニヤリと艶っぽい笑みを浮かべたかと思うと、次の瞬間、自分の顔面を僕の股間に押しつけ、まるで匂いをかぐかのようにスリスリしだしたのだ。

こ、この人、一体何してんだ⁉

僕はビックリ仰天した。

と同時に、そうされた僕のソコが、あっという間に反応するのがわかった。

パンツの中でそれまでだらんと縮こまっていたチ○コが、和風のフェロモンに満ちた中尾さんの美しい顔自体に刺激されてムクムクと大きくなり、今やパンツどころか、買うとは決めたもののまだお金すら払っていないスーツズボンの生地まで、ブチ破らんばかりにギンギンの勢いで突っ張ってきたのだ。

「あ、あの、ハァ、ァ……ちょっと……何してるんですか……？」

下半身にムラムラと満ち満ちてくる、えも言われぬ快感に息を軽く喘がせながら、何とか僕が問うと、彼女は言った。

「だってあなた、チョー可愛くて、もろ私のタイプなんだもの。もう黙ってズボンの裾詰めなんてできるわけないわ……ね、いいでしょ？」

そこで僕はようやく、さっき彼女が自分の靴を試着室の中に隠すように入れた理由に思い至った。あの時点で彼女は僕にエロい悪戯を仕掛けることを決めていて、それが外から誰にもバレないように図ったわけだ。

「え……そ、そんなの困ります……まさかこんな場所で……」

「またまたぁ、本当に困ってるんなら、ココがこんなにギンギンになる？　ほんとは興奮してるんでしょ？　もっとキモチいいことしてほしくてしょうがないんでしょ？　ねえ、正直に言いなさいよ」

中尾さんは舌舐めずりしながらそう言い、ズボンのチャックに手をかけた。

「あ、ああ……ダメですって……」

という僕の言葉を完全スルーし、彼女はチーッとチャックを下まで引き下ろしてしまった。ズボン内でギンギンに昂り、下着越しにカッカッと発熱していた僕のチ○コは、そうやって少し涼しい外気に触れてもまったく収まる様子はなかった。

「はい、じゃあいよいよ剝いちゃうわよお」

そう言うと、彼女はヘソのところのボタンも外して、ズボンはストンと僕のくるぶしのところまで落ち、続いて下着を膝の辺りまでベロンと剝き下げてしまった。

途端にビョンッ！　とすごい勢いで振り上がり、お腹につかんばかりに反りくり返る僕の勃起チ○コ。なんだか今やもう、僕はヘビににらまれたカエル状態で、手も足も出やしない有様だ。

「ああ、すてき……まだ亀頭もきれいなピンク色でツヤツヤしてて、張り具合も大きくて、とってもいいオチン○ンね！　じゃあ、いただいちゃおうかな。あ、でもその前に……」

中尾さんはそう言うと、自らの制服の白いブラウスのボタンを外して前をはだけ、そのままブラジャーを取ってしまった。すると当然、意外なほどたわわな胸が、その雪のように白い肉房と、ツンと立った鮮やかな色のチェリーを伴って現れ、僕の興奮をますます刺激してきた。

「わあ、私のオッパイ見て、ますますオチン○ン、みなぎってきたわね。うふふ、ほんと若いってステキ！」

そして、いきなり彼女は僕の亀頭をニュプリと咥え込むと、そのままズブズブと口内に沈めていき、あっという間に喉奥まで呑み込むや否や、そこで巧みに肉ザオを締め上げながら、ジュップ、ジュップと高速ストロークでのフェラを始めた。そんな高難度なテクのフェラなんてそれまで経験がなかったから、その想像を絶するカイカンの波状攻撃に、僕はたちまちたまらなくなってしまった。

「あ、ああっ……そ、そんなっ……僕もう、ああっ……」

悶え喘ぎながら中尾さんを見下ろすと、彼女はまっすぐ上目づかいで僕の目を見つめ返しながら、唇を妖しい粘液でテラテラと光りぬめらせつつ、さらにフェラのストロークスピードを上げていく。その挙動に合わせて豊乳もユッサ、ユッサと揺れるものだから、そんな怒濤の快楽と視的エロ刺激にジョイント攻撃された日には、それ以上、僕にガマンしろと言うほうが無理だった。

「んんっ、うぶ……ぬっぷ、じゅっぷ……じゅるる、ぬぷっ……」

「あ、ああっ、もうホントに僕……あっ、ああっ……！」

とうとう僕は達し、放出した大量の青臭いザーメンが、彼女の胸の谷間に飛び散り、ドロドロとその白い双丘を汚していった。

そして、完全虚脱状態の僕を尻目に、彼女はいかにも満足そうな表情を浮かべながら、手早く後処理をして身づくろいをすると、そのときになってようやく、ズボンの仮止め作業にとりかかったのだった。

■彼の舌が肉びらの中に入り込んできて、チュプチュプと小刻みに抜き差しさせ……

コピー修理業者男性の至高愛戯に荒れた心身を癒されて

投稿者 桐島美奈（仮名）／27歳／OL

わたしが勤めているのは、自分も含めて全従業員六人の小さな広告代理店。古い雑居ビルの狭い一室が職場です。

その日は金曜で、わたしは終業後に久々にカレシとのデートを約束していて、最低限、明日の昼頃まではホテルでズコバコやる気満々！　だって、翔平ったら「忙しい、忙しい」って言っては、もうここ三ヶ月ほどエッチがご無沙汰なんだもの。その分、たっぷり搾り取って（笑）あげなくちゃね〜！

ところが！　そんなことを思いながら着々と終業に向けて業務を進めているわたしのところに彼からLINEが。

『美奈、ごめん！　今日のデートだめになった。また今度埋め合わせするから』だって。

わたしはもう心底ガッカリしちゃって、も〜っ、このムラムラ昂りまくった気分とカラダと……一体どうしてくれるのよ〜〜〜っ⁉　と、怒り心頭でした。するとさらに、そんなわたしに追い打ちをかけるような事態が……！

あと少しで本日の全業務終了というところで、せっせと資料をコピーしていた複合機がいきなり壊れちゃったんです。「マジか〜〜〜っ！」

そして定時となり、そんなわたしを尻目に次々と上がってしまう他の社員たち。

「桐島さん、お先に〜。ちなみにコピー、今日のうちに業者さん呼んで直してもらっておいてね〜」

ふ〜〜〜〜〜〜……。

こういう場面でいつも率先して助けてくれる、何かと気の利く社長が今日は出張で一日不在だったのも、ツイてませんでした。ポツンと一人残されたわたしは、仕方なく業者に連絡し、出張修理を依頼したんです。もう十八時を回っているのに応じてくれたのは、不幸中の幸いでした。

業者さんは三十分後には来てくれるという話でした。

私はそれまでやることもなく、ちょっと手持無沙汰状態に。自分のデスクの椅子に座ってスマホをボーッといじってたんだけど、そこにアップされていた一枚の画像に目が釘付けになりました。

それは筋骨隆々としたハンサムな白人男性が上半身裸、下はカットオフ・ジーンズ一枚の姿で立っているもので、その股間はいかにもモッコリと……。

これはわたしの心のマ○コにブッ刺さりました。

その日、そもそも欲求不満状態だった上に、ようやくカレシとエッチできると思ってた約束もドタキャンされてしまったわたしは、もうムラムラ、モヤモヤ状態の頂点だったわけで……よりによってそこへ、そんな素敵にシゲキ的なもの見せられた日には、思わずエロく催してしまい、他に誰もいないのをいいことに、その場でオナニーを始めちゃったんです。

椅子に座ったままスカートを少したくし上げ、両脚を左右に広げると、パンストの上から股間部分にキャップをしたままのボールペンの先端を押し当て、最初はワレメ部分の線に沿ってスリスリとなぞらせて……「んあっ……」かすかに甘い喘ぎが喉からこぼれちゃいます。でもそのうち、もっと強い刺激が欲しくなってきて、今度はワレメ部分に突き刺すようにグリグリと……「はあっ……！」

もうすっごく気持ちよくて、わたしはどんどんその行為に没入していってしまいました。しまいには、もどかしいパンスト越しじゃどうにも物足りなくなって、パンストを太腿までずり下げると、剝き出しになったアソコを直接、自分の指でいじくり始めちゃいました。

「……あぁ、あん……はぁ、あ、あふ……はぁん……」

もう指が止まらず、クリトリスもヴァギナもグチョグチョに濡れてほぐれまくって、ホント気持ちよすぎてたまりません！

「あっ！　あふぅ……ひっ、ひぃっ……イ、イクッ！」

そしてとうとう、わたしは達してしまいました。

すっかり放心状態で、椅子の上でガックリと脱力して……そう、いつしか私の頭の中からは、コピー修理の業者さんが来ることなど、スッ飛んでしまっていたんです。

ようやくそれを思い出せたのは、でもすでに手遅れの状態になってからでした。

椅子の背にだらんと寄りかかり、股間を剝き出しのまま、目を閉じて顔を上向けていたわたしは、何かが照明の光をさえぎるのを感じました。

「はっ！」と思い目を開けると、ちょうど真上からわたしの顔を覗き込むようにしている、見知らぬ男性の顔がありました。

もちろん、コピーの修理に来てくれた業者の人でした。

「ひっ……！」わたしは悲鳴じみた声をあげると、慌てて股間を手で隠し、その男性から身を遠ざけようとしました。

　でも彼は、わたしの破廉恥な現場を見たというのに、それを盾に貶めたり、恫喝するような真似をすることなく、意外なほどやさしい声音で言ったんです。

「すみません、驚かせちゃって。ドアをノックしたんですけど返事がなくて、鍵がかかってなかったので勝手に入ってきちゃいました……」

　そして、続けて思いもよらないことを言ってきたんです。

「まさか職場でこんなことするなんて、相当溜まってたか、よほどムシャクシャすることがあったんですね。お気の毒に……あの、もしよかったら、僕にお手伝いさせてもらえませんか?」

「え? お、お手伝い……?」

　わたしは彼の言う言葉の意味がわからず、思わず訊き返してしまいました。

「いや、自分で言うのもなんですけど、僕、セックスがすごい上手なんです。今まで付き合った女性は皆、たとえ恋愛関係が壊れたとしても、そのあとまたセフレとして付き合ってほしいって言うくらいで……だから、そんな僕の能力を有効利用して、あなたの満たされない部分を埋めてあげられるかなって思ったものですから」

　何だかにわかには信じられない話だったけど、彼のいかにも真面目そうで真摯な態度といい、気持ちのこもった言葉といい……そのとき、わたしにはとても信用できそうな人に思えちゃったんです。

わたしは言っていました。

「あの……お願いしても、いいですか？　わたしをとことん気持ちよくして、イヤなことぜんぶ忘れさせてください……って」

彼は答えました。

「はい、そうできるよう、全力で努めさせてもらいます」

そしてジャケットを脱ぐとYシャツ姿になって腕まくりをして、わたしの前に身をかがめると、ゆっくりと股間に顔を寄せてきました。わたしもごく自然にそこを隠していた手をどけてしまって。

ツプリ……と彼の舌が肉びらの中に入り込んできて、チュプチュプと小刻みに抜き差しさせながら、奥まで掻き回してきました。それはとてもやさしく、わたしの心まで慈しんでくれるような愛戯で……、

「ん、んんっ……はぁ、あん……き、気持ちいいっ……」

そんなわたしのうっとりした喘ぎに応えるかのように、さらに彼の舌戯は活発にエスカレートしていき、たまらずわたしのソコはすごい量の愛液を、チャプチャプとほとばしらせ散らしてしまいます。

「あはぁぁぁぁっ……いいっ！　感じるぅぅうっ！」

そのあられもない痴態を確認しながら、彼が言いました。

「さ、時間もないことだし、もうホンバンに行きますね」

そして下半身裸になってあらわにしたペニスは、見事なまでに隆々と勃起していて、おそらくさっきスマホで見た白人男性のアレに勝るとも劣らないもので……、

「ああ、ちょうだい！　ソレを早くわたしのココにぃっ！」

たまらずそう懇願すると、彼は即座にゴムを着けて挿入してくれました。

その性交は激しく力強いと同時に、今日のわたしの荒れた心までやさしく包み込んでくれるような慈愛に満ちていて、心身ともに快感を覚えるものでした。

「あっ、はぁ、ああん……すごい！　最高にイイわぁっ！」

「ああ……何もかも忘れて、真っ白にイキ果ててくださ〜〜〜い！」

「あああああぁぁぁぁっ……イク〜〜〜〜〜〜〜〜ッ！」

わたしが絶頂に達するまで、挿入からものの三分とはかかりませんでした。

彼はそのあとテキパキとコピー修理を済ませると、最高に素敵な笑顔を残して帰っていきました。ああ、もう一度逢いたいなあ……。

第二章

昇天！

■生温かくぬめった舌の感触が乳首にヌルリと触れ、私はその甘い快感に思わず……

就職先の新歓夜桜お花見会でいきなり人生初野外エッチ

投稿者 三上悠奈（仮名）／22歳／OL

この春、大学を卒業し、中堅電子機器製造メーカーの一般職として採用され、就職しました。ぶっちゃけ第四志望ぐらいのとこだったんだけど、まあ自分が出た学校のレベルを考えれば、贅沢は言えないかな？

で早速、四月の中ごろ、私も含めた男女三人の新卒新入社員の歓迎会も兼ねて、全十四人いる部署で夜桜のお花見会をしてくれることになったんです。アットホームでいい職場だなあって……私、思わずウキウキしちゃった。

それはとても暖かな金曜の夜で、場所は会社近くにある、お花見の名所としてけっこう人気のある公園でした。かわいそうに、歓迎される側のはずの私と同期のKくんが、お昼頃から場所とりに駆り出されてました。Kくん、すまん！

ということで夜の七時すぎ、何枚ものレジャーシートを敷き詰めた上で、全十四人の大所帯でのお花見歓迎会が始まりました。飲み物や食べ物は、部長が出してくれた一万円を中心に皆で少しずつお金をカンパし合い、コンビニであれこれと調達しました。なかなか豪華な品ぞろえになったんですよ。

そして部長の、「それじゃあ、新入社員のみんな、仲良く楽しくいっしょにがんばっていきましょう！　かんぱーい！」という音頭のもと、宴が始まりました。

私ってば根がお調子者のパーティーピープルなものだから、かけらも遠慮することなく誰とでも乾杯し合い、ビールを酌み交わし合って、あっという間にテンションはＭＡＸ状態！　ノリよく酔っぱらった挙句、部長だろうが先輩だろうがお構いなしに明るくからんでいきました。いやー、楽しい、楽しい！

するとそんな私の体を、背後から羽交い絞めのような形で抱きしめてくる誰かがいました。さすがに「えっ？」と思って首を回して振り向くと、それは係長のＳさん（三十歳）でした。部署内一番のイケメンで、私が正直「いいなあ」と思ってる人でした。

おかげで最初は相手が誰だろうと「何してるんですかー！　このスケベーッ！」って言って突き飛ばしてやろうと思ってたのが、思わず、

「……えっ……Ｓさん……？」

って、はにかみながら嬉しそうに驚いちゃって……。

するとSさんも、そんな私の反応をとっくに想定済みだったらしく、にっこりとチョー魅力的な笑みを浮かべながら、

「ごめんね、驚かせちゃった？　イヤだったら離れるけど……」

と言いながら手の力をゆるめ、でも私ってば思いっきり上目づかいで、

「う、ううん……イヤじゃないです」

なんて、甘ったるい声で応え、自分からSさんに体を押しつけていっちゃう始末。

そう私、お調子者のパーティーピープルな上に、淫乱どエロ女なんです。

お互いのホットな体温を感じながら、一瞬からみ合う二人の熱い視線。

目は口ほどに……じゃないけど、そのからみ合う視線で一瞬のうちに私たちはスケべに以心伝心しちゃいました。

「今すぐエッチしたい」

「今すぐエッチしよう」

あとから聞いたら、このSさんってば相当なヤリチンで、社内の女性に手を出した数知れずという人だったんだけど、そんなのは後の祭り。彼に完全にロックオンされちゃった私は、もう蛇ににらまれたカエルというか、イケメンににらまれたメス犬というか……シッポを振ってついていくしかないじゃないですか、ねえ？

そして彼は、今や大盛り上がり状態で誰もこっちの様子なんか気にかけていないのを確認したかのようにほくそ笑むと、私の手を引いて公園の隅のほうに向かって歩きだしました。明るく弾け盛り上がる皆のところから遠ざかり、辺りは暗く寂しくなっていくばかりだったけど、真逆に私は興奮と期待で今にもド派手に爆発せんばかりでした。

それからSさんは、わりと大きめの植え込みの陰に私を引っ張り込むと、そこに自ら脱いだスーツの上着を広げ敷いて、私を座らせました。そしてその横に自分も腰を下ろすと、ねっとりと唇を重ねてきました。焦らずじっくり、味わうように唇を吸ったあと、満を持したかのように舌が私の口内に滑り込んできて……からみ合ったお互いの舌がニュルニュルとうごめいて、唾液をジュルジュルとしたたらせながらむさぼり合って……。

「……んあっ、はぁっ……あぁふぅ……！」

さすが社内きってのヤリチン、もといプレイボーイ！　私はその絶妙のエッチな間合いと舌戯に翻弄されるままに性感を昂らせられ、陶酔の世界に引きずりこまれていきました。

チュパッ、と一旦唇を離し、唾液の糸を引かせながらSさんが言いました。

「最初に三上さんのこと見たときから、かわいい子だなあって思って……ずっとこんなふうにしたかったんだ。今年のうちの新卒女子社員全二十人の中でダントツだよ」

「ああん……ほ、本当ですかぁ……？」

たとえそれがお世辞めいた、いま私とヤリたいがためのピロートークだとしても、女ってこんなふうに言われると嬉しいもの……私はがぜんSさんのことを悦ばせてあげたくなって、こっちから彼のズボンの股間部分に触れていました。そしてすでに固く大きくなりつつあるその感触を確かめるようにまさぐり、揉み込んであげて。

「……ああ、三上さん、意外と積極的なんだね。そういうの、嫌いじゃないよ」

Sさんはちょっと声を上ずらせつつ、嬉しそうにそう言うと、私の白いブラウスのボタンを外していき、薄ピンク色のブラに覆われた上半身の地肌が温かな夜の外気に触れました。酒盛りの酔いで火照ったカラダには暑く感じられ、濃紺のスーツの上着はすでに脱いで、レジャーシートの上に置いてきていました。

「ブラ、外すよ」

言うが早いかSさんは巧みに背中のホックを外し、私の生オッパイがポロリと露出させられました。

「大きいね。それに乳首の色もピンク色できれいだ。おいしそう」

Ｓさんの生温かくぬめった舌の感触が乳首にヌルリと触れ、私はその甘い快感に思わず身を震わせました。自分でもツンと乳首が立ち上がるのがわかります。

「……あ、あああん……はふぅぅ……」

私はけっこうな大声をあげてヨガってしまいましたが、うちの皆を始め周囲でお花見をしている人たちは宴会に夢中で、どうやら聞こえてはいないようです。でも、生まれて初めてこんな野外エッチしてる私としては、どうしても淫らに自意識過剰気味になっちゃって……誰かに聴かれたらどうしようっていうハラハラドキドキが、逆に余計に興奮と快感を加速させちゃうようでした。

「んあっ、はぁっ、あ、あああん……！」

そしてそれに気をよくしたＳさんは、さらに乳房を大きく揉み込んで私の快感度数を上げてきて、もう私だって黙ってはいられません。彼のベルトを外してズボンを中のボクサーショーツごと太腿までずり下げると、もはや完全に勃起してビンッと振り上がったオチン〇ンを、今度は直に握り込み、夢中でシゴきたてていました。じきに先端から先走り液が滲み出し、私がシゴくストロークに合わせて、ズチュ、ヌチャ、とぬめったしぶきが飛び散るようになりました。

「う、ううう……いいよ、三上さん……僕もたまらなくなってきた……」

Sさんも上ずった声でそう言うと、今度は私のスカートをめくり上げ、パンストをずり下ろして直に濡れたアソコをいじくってきて……ああん、気持ちイイッ！

そしてとうとう私たちは、下半身丸出しになって合体してしまいました。そう遠く離れてはいない距離から、花見客の皆の盛り上がる歓声や嬌声が聞こえてきて……あぁ、私ってばなんて破廉恥なことしてるんだろう？　親が苦労して大学まで出してくれて、ようやく社会人になったっていうのに、いきなり人生初野外エッチでヨガりまくる体たらく……と、自己嫌悪と反省の念に苛まれれば苛まれるほど……ああっ、どうにも感じちゃうのぉ～～～～～～～～っ！

「あ、ああっ……も、もうイク……イッちゃうぅ！」

「くうっ、うう……み、三上さんっ……はぁっ！」

私が絶頂に弾けた瞬間に、Sさんはニュルンッとオチン〇ンを抜いてドピュドピュッて外出ししてくれて。ザーメン、あんまり大量なんでビックリしちゃった。

そして身づくろいして、何気ない顔で皆の元に戻った私たちだけど、本当に誰にも気づかれてなかったのかなあ……？

ま、あんまり考えてもしょうがないか！

とにかく、これから一生懸命はたらきま～～～す♪

■私は彼の魅惑の肉体を愛でながら、雄々しく立ち上がっている男根を咥え込み……

たくましい職人の肉体に犯され悶えた淫らな昼下がり

投稿者　垣内愛菜（仮名）／31歳／パート主婦

うちのお向かいさんが家を改築することになり、予定では二週間ほどの工期で、何人もの大工さんや左官屋さんが作業のために出入りするようになった。

一応私も日々顔を合わせる、すぐ正面のご近所さんということで、そんな職人さんたちも挨拶してくれるようになったのだけど、中で一人、すっごい気になる人を見つけてしまった。

たぶん年齢は私と似たようなものか、ちょっと下くらい。おもに高所で作業する左官屋さんの男性で、白いニッカポッカに浅黒い肌がよく映える、引き締まった体躯のワイルドなイケメン。身長も優に一八〇センチ以上はありそう。

もう、うちの夫とは何もかも真逆。いい大学を出て某一部上場企業に勤め、稼ぎはいいものの、家ではお菓子食べながらゲームばっかやって、おかげで不健康な色白の肌にぽっちゃり肥満気味ボディが、陸に上がった（かわいくない）ジュゴンを思わせる有様。当然体力も精力もないから、まだ三十半ばだというのにすっかり性欲も減退していているようで、ここ半年ほど私の体に触れようともしない。

ああ、あの彼ならそんなことはきっとなく、たくましい肉体で私のことを毎晩愛しまくってくれるはず……なんて、いつしか彼とのセックスを夢想しながら、すぐ目の前で彼が仕事をしている昼間っからオナニーに耽るようになってしまった。

ある意味それは、日々心もカラダもザワつく、刺激的な日々ではあった。

そんな日々が一週間ほども続いた頃合いだっただろうか。

朝、夫を勤めに、子供を小学校に送り出したあと、夕方のパート出勤まではまだけっこう時間もあるしということで、私がのんびりと朝昼兼用の食事をとっていると、玄関のインターフォンの呼び出し音が鳴った。セールスや勧誘とかだったら居留守を使おうと思いながらモニターを見ると、なんとビックリ！

そこに映っていたのは、例の憧れのニッカポッカの彼だった。

え〜〜〜っ、なになに？　なんで彼がうちに……!?

と、思いもしない展開に浮足立っていたのだけど、ふと彼の様子がおかしいことに気づいた。どうにも顔色が悪く、つらそうだったのだ。

これはただごとじゃないぞ！

他の誰かならいざ知らず、他でもない彼のピンチとなったら黙ってはいられない。

私はすぐさま玄関ドアを開け、彼に向き合った。すると、

「……あ、奥さん、いきなりすみません。ト、トイレを貸してもらえませんか？　俺、どうにも腹の具合が悪くって……現場の仮設トイレは今、他のヤツが使用中で……でも俺、これ以上ガマンできなくて……うう……」

「いいわよ、うちのトイレ使って！　どうぞどうぞ！　こっちよ！」

私は躊躇なく彼を屋内に上げ、急いでトイレに案内した。

そして数分後、彼はトイレから出てきて、最悪の事態は何とかしのげたようだけど、相変わらず具合は悪そうで……私はうちで少し休んでいくよう促した。それはさすがに遠慮しようとした彼だったけど、私があと一押しすると、「ありがとうございます。じゃあお言葉に甘えて、少しだけ……」と言い、応接ソファーにぐったりと腰を下ろした。私が差し出したコップの水を美味しそうにゴクゴクと飲み干し、目を閉じてジッとして……。

私は彼の、その意外に長いまつげに見とれながら、思わず顔を近づけていた。

憧れの彼を目の前に、黙って見ていることなんかできなかったのだ。

ああ、もうすぐ唇と唇が触れそう……キス……しちゃう？　だめ？

そうやってお互いの唇の間が、わずか二センチほどに縮まったときだった。

いきなり彼が目を開けると、なんと向こうから私の唇にむさぼりついてきた！

「……んんっ！　んぐぅ……うう……ふぅぅ………」

自分から接近しておきながら、最初こそ驚いて慌てふためいた私だったけど、そのうちうっとりと彼のキスのとろけるような陶酔に溺れていった。その様子を見ながら、彼は私の体を抱きしめて言った。

「ずっとわかってたよ。あんたが俺のこと、いつも目で追ってたのは」

え……？

「今日、急に腹具合が悪くなったのは本当だけど、現場の仮設トイレの話はウソ。咄嗟に、これを口実に、俺に気がありそうなあんたに仕掛けてみようと思ったんだ」

そうだったんだ……最初から私を誘惑するつもりで……？

思いがけない彼の真意だったけど、その力強い腕で乳房をまさぐられ、股間を押し込まれているうちに、そんな経緯などどうでもよくなり、私は早く彼に犯してもらいたくてしょうがなくなってた。

「ああ、そうよ……私、あなたにずっと憧れてたの……そのたくましい身体で、めちゃくちゃに抱いてほしくてたまらなかったの……！」

私は彼の背中にしがみつきながら、自分のありったけの想いをぶちまけていた。

「ああ、もちろん抱いてやるとも！　俺だってあんたのこと、いい女だなあって、そのたまんねぇカラダが目に入るたび、ずっと視姦してたんだぜ？」

なんて嬉しい告白！

私は歓喜に打ち震えながら自ら服も下着も脱いで全裸になると、彼の服……あの素敵なニッカポッカも、タートルネックのシャツも、ピッチリしたボクサーショーツも脱がしてあげて、まぶしいくらいに光り輝く魅惑の肉体をウットリと愛でながら、すでに雄々しく立ち上がっている男根を咥え込み、舐めしゃぶり、味わった。

やがてソレは太い血管を浮き上がらせ、今にも破裂せんばかりにピッキピキにみなぎり、亀頭をパンパンに膨らませると、先端からダラダラと先走り汁をしたたらせ始めた。準備万端すぎて痛々しいぐらいだ。

私は、もちろんもうとっくに愛液で洪水状態のアソコをパックリと開くと、両脚を大きく広げて彼に懇願した。

「早く……早くその立派なモノを入れて！　私のスケベな穴の奥の奥までブチ込んで、子宮がぶっ壊れるぐらい激しく犯してえっ！」

「ああ、お望みどおりにしてやるよっ！　おらおらぁ！」

そして私の濡れ乱れた淫肉をえぐって突き入ってくる強靭な肉棒。

「あっ、あぁぁ……あひぃ！　ひっ、ひぃ……あぁ、す、すごいぃ！」

まるで蒸気機関車のような、力強くリズミカルな律動で彼の固い腰が私の柔らかい股間に打ちつけられ、そのあられもない衝撃でお互いの粘り気のある体液が、激しく盛大にしぶきをあげる。

「ううっ……くう～～……マ○コ締まるぅ……すげぇイイ！　ヤベェよ、俺もうイッちゃいそうだよぉ……」

「ああん、きてきてぇ！　濃ゆいのいっぱい、私の中に注ぎ込んでぇっ！」

「あ、ああっ……で、出る……うぐっ！」

「あ、あぁぁあああぁぁぁ～～～～～～～～っ！」

夫に、いや、それ以外の誰にも、これまで射出されたことがないほど大量のザーメンを胎奥で飲み下しながら、私は恥も外聞もなくイキ果てていた。

その後、彼は残り一週間の工期を全うする前に、担当の作業が終わったのだろう、姿を見なくなってしまったけど、今でも時折、このときの爆発するような快感の記憶に浸りながら、オナニーに耽る私なのだった。

■兄は私のアソコに顔を寄せて、すでにたっぷりと湿っている肉唇に舌を沈め……

血のつながらない兄と生涯最高の快感で結ばれた日

投稿者 篠原愛（仮名）／25歳／公務員

役所での勤めが終わり、十九時ころ一人住まいのマンションに帰ってほどなく、携帯に着信がありました。三つ上の兄からでした。

「今からそっちに行ってもいいかな？」

「なんで？」

相変わらず人の都合を顧みない自分勝手な電話に、ついつい私の対応もつっけんどんになってしまって。

「だって今日、誕生日だろ？　プレゼント渡したくて」

「……えっ……覚えててくれたの？」

「当たり前だろ？　オレが今まで一回でも忘れたことあったか？」

思わぬ兄の言葉に、私は相変わらず心の距離をとりながらも、一方で恋人もいない、年頃の女としてはどうにも淋しい境遇に、ポッと小さな灯りをともしてもらえたよう

で、少しだけ気持ちが緩んでいました。だから、

「うん、少しだけなら……来てもいいよ」

と答えていたんです。

実は私と兄の俊也とは血がつながっておらず、義理の兄妹でした。私が十二歳のとき母が病気で亡くなり、その後残された父が再婚したのが兄の母親であり、父と同じく配偶者を失くしたシングルマザーでした。ただ、私もそのときもう十二歳ともなると、そう簡単に新しい母と兄を受け入れることはできず、それから十三年経った今でも、真に家族として打ち解けることはできていなかったのです。兄がかなりのイケメンだったことも、逆に私の中に「だからってそう簡単に懐柔されてたまるか」という妙なかたくなさを生んでいたようです。

でも、実家とも疎遠になり、今や誰も「誕生日おめでとう」と言ってくれない境遇の中、やっぱり兄の言葉は嬉しくて、ついつい家に来ることを許してしまったんです。

そして三十分後、兄がやって来ました。会うのは半年ぶりです。

いま二十八歳の兄ですが、大学卒業後一旦は銀行に就職したものの長続きせず、あちこちにいる女友達の間をフラフラしながらのフリーター暮らしという話です。相変わらずチャランポランで……相変わらずカッコいい。

「よっ、久しぶり！　ほら、これプレゼントな。誕生日おめでとう！」

いかにもその辺の雑貨屋で買ってきたっぽい、適当な包装の袋を私に手渡してきて、さすがに私もお茶くらいは出さなきゃなと、インスタントコーヒーをいれて兄の前に出したのですが、やっぱりイケメンすぎてまともに顔を見られない……昔からそうでした。かたくなにつれなく接しながらも、顔を見ちゃうともうメロメロで……我ながらどうしようもなく女心をこじらせちゃったものです。

そんなふうに今いちギクシャクした空気感の中、兄がおもむろに言いました。

「で、いま愛はカレシはいるの？」

「え、ええっ？　そ、そんなのおにいちゃんに関係ないでしょ！」

私は妙に焦ってしまい、怒るようにそう言いました。すると兄は、

「やっぱりな……そんなことじゃないかと思ったんだよな……」

と、思わせぶりな口調で言ったかと思うと、いきなり！

私のことを抱き寄せ、なんと唇にキスしてきたんです。

「……んぐっ！　ううっ……んんん～～～～っ！」

きつく抱きすくめられ、唇をふさがれながらも、必死で身をよじって抗おうとする私でしたが、意外な力強さでビクともせずジュルジュルと唇を吸い、舌をニュルニュ

ルとからめてくる兄の思わぬ猛攻に押されまくり、屈しつつありました。

「……んあぁぁ……あぐっ、うう……はあぁぁぁ～～～～……」

否応もなく昂ってくる官能感に悶えあえぎ、兄の口戯によってとめどなく溢れ出てくる唾液がだらだらと流れ落ち、自らの顔から首筋、そして鎖骨の辺りまでをベチョベチョに濡らしているのが自分でもわかります。

そうやってすっかり酩酊し、脱力してしまっている中、兄の手が私の着ているトレーナーの内側に潜り込み、強引にブラジャーを手繰り上げて乳房に直に触れてくるのがわかりました。Fカップ八十九センチの胸肉を揉みまさぐられ、乳首もこねくり回されて……最初は苦痛に感じたその刺激でしたが、徐々に快感に変わり、見る見る全身が甘美な陶酔に包まれていきます。前のカレシと別れてから、ここ二年ほどセックスから縁遠くなっていた私は、底なし沼のようなその淫らな奈落に呑み込まれていくようでした。

そのとき、ようやく兄の唇が私のそれから離れました。

「んあぁ、はぁっ……ああん……」

もはや、なぜ兄がいきなりこんな真似をしてきたのかという疑問などどうでもよく、一度火をつけられた私の性感は、もっともっととさらなる快感を求めるばかり。

「ああ、愛、本当にいい女になったな……オレは昔からずっとおまえとこうしたかったんだよ。でも、おまえのオレに対する態度はかたくなで、取りつく島がなかった」

今やトレーナーも頭から脱がされ、完全に裸の上半身をさらしてしまった私の、たわわすぎる乳肉をレロレロと舐め回し、乳首をチュパチュパと吸いながら、兄が思いもよらないことを言いました。

えっ？　ずっと私とって……そうだったの？

混乱する私を差し置き、兄の手は続いて私のジーンズの前ボタンを外してジッパーを下げ、パンティもろとも脱がし去ると、とうとう私はあられもない全裸にされてしまいました。続いて兄も手早く服を脱いで裸になり、初めて見る裸体を私の眼前にさらしました。

その股間は、もう怖いくらい硬く大きくいきり立ち、まるでそこだけ別の生き物かのように、ピクピクとひくついていました。でも、兄はまだそれを振るうことなく、今度は私のアソコに顔を寄せて、すでにたっぷりと湿っている肉唇に舌を沈め、中をヌチョヌチョとえぐり、掻き回してきました。

「あっ！　あ、ああ、あうん……はあっ……くふぅん……」

注ぎ込まれるその快感の蠕動に、私はひたすら悶えヨがるのみ……。

そうやってたっぷりと肉唇をほぐしたあと、兄は言いました。

「おまえ、オレのこと、女なら見境ナシのヤリチン野郎とか思ってたかもしれないけど、それは違うぞ。オレは、いつまで経ってもこっちを振り向いてくれないおまえの代わりに仕方なく、どうでもいい女たちを抱いてただけで……本当に欲しかったのはおまえだけなんだ……！」

兄の言葉がどこまで本気なのか、私には判断する術がありませんが、一つだけ確かなことに気づきました。

私も本当はお兄ちゃんのこと、好きだったんだ。

好きだからこそ、義理とはいえ兄妹という関係がやりきれなくて、あんな突き放すような態度をとってしまっていたんだ………。

「ああ……お兄ちゃん、私も……私もずっと好きだったの！」

「……愛……！」

気持ちが通じ合った瞬間、兄は自らの肉棒にコンドームを装着すると、私のアソコに突き入れ、しっかりと体を密着させて抱きしめるようにして、激しいピストンを繰り出してきました。

「ああっ、ああ！　お兄ちゃん、お兄ちゃん……イイッ、すごくイイのぉ！　感じるう……あひっ、ひぃ……もっと奥まで突いてぇっ！」

私は、胎奥を深くえぐってくる兄の肉棒の力感をしっかりと味わいながら、自分でも必死で腰を使い、それを締めあげていきました。

「あ、あああっ……愛っ！　たまらないよ……あぐっ……！」

「はぁはぁはぁ……お兄ちゃん！　あん、あん、あぁぁっ！」

そして一段と激しい抜き差しのあと、兄は射精し、私も絶頂に達していました。やっぱり、本当に愛する相手とのセックスは、これまで体験してきたどれよりも感じる、素晴らしいものでした。

欲をいえば、お兄ちゃんの精子が欲しかったけど、まあそこは家族全体のことを考えても致し方のないところ。

とは言え、この先どうなっていくかはわからないけど、私は本当の自分の想いを知れたことで、前向きに人生を歩んでいけそうな気がするんです。

■水野さんの舌が濡れた肉割れをこじ開け、ジュルリと肉ひだの中にぬめり込み……

底なしの肉欲を秘めた未亡人のカラダに火をつけられて！

投稿者 松永まりか（仮名）／35歳／自営業

去年、夫が交通事故で急逝し、それまで二人で切り盛りしていたカウンターのみの小さな小料理屋を、女将として自分一人で引き継ぐことになりました。

当初は夫の死の悲しみとショックが大きく、一人でやっていく自信もまったくなかったので、店を畳んで職探しでもしようと思っていたのですが、店を贔屓にしてくれていた常連さんの励ましや、つきあいのあった業者さんたちの協力もあり、それらに背中を押される格好で引き継ぐ決心をしたのです。

それまで私は夫の調理補助や接客仕事が主だったため、お店仕事のみならず一気に経営管理までこなさなくてはならない状況になり最初は大わらわでしたが、半年と少しが経ったいま、何とか落ち着いてきた感じです。

そんな中、常連さんの中でもひときわ熱心に応援し、私の引き継ぎを何かと後押ししてくれた水野さん（四十二歳）は、その後も週に二回はお店に来てくれて、とてつもなくありがたい存在でした。

　つい一週間ほど前のその日も、夜の八時くらいに一人でブラリと来てくれて、いつものように温和に楽しくお酒と肴を愉しんでくれていたのですが、ちょうどお酒が切れてお代わりを頼もうとされていたときに、タイミング悪く出入りの酒屋さんからちょっとめんどくさい仕入れの相談の電話がかかってきてしまい、私はそれに対応せざるを得なくなってしまいました。すると水野さんは、

「いいよ、いいよ。自分でやるから」

　と言いながら勝手知ったる厨房側に入ってきて、しゃがんでカウンターの陰に隠れる格好でお酒のお代わりの準備作業をセルフで始めました。

　私は、申し訳ないなあと思いながらも、おかげで酒屋さんとは委細きっちりと話すことができて、ほんと水野さん様様です。

　と、そうやって私が電話中で、水野さんがカウンターの陰でセルフ作業中、新規のお客さん二人がやってきました。私は一瞬、受話器を口から離し、「いらっしゃいませ」

　とお声がけし、電話の会話を終わらせに入ったのですが、もうとっくにお代わり準備作業も終わっているはずの水野さんが、まだしゃがんだまま立ち上がってきません。

「おや？」と不審に思った私。水野さん、何してるの？

するとそのとき、信じられないことが起こりました。

着物を着た私のお尻に対して、グイッ、ググッと決して弱くない圧力がかかってきて……！

電話で話しながらカウンター下を見下ろすと、なんと水野さんが着物の上からではあるものの、私のお尻の割れ目をえぐるようにいじくっていたのです。

「ええっ⁉」私は我が目を疑いつつ、受話器を手にしたまま、水野さんに対して非難のこもった驚愕の目を向けました。でも水野さんは何の悪びれる様子も見せず、相変わらず私のお尻をもてあそびながら、ニヤリと淫靡な笑みを向けてきたのです。

この人、いったい何考えてるの⁉

混乱と羞恥が脳内で渦巻き動揺する私でしたが、さすがにこの状況を、今来たばかりの新規のお客さんに悟られるわけにはいきません。

「はい、ではよろしくお願いします。失礼します」

何とか電話を終え、精いっぱい何食わぬ顔で接客する私。

「女将さん、ここ誰かいるみたいだけど、大丈夫？」

水野さんが掛けていた席の様子を見て、お客さんが尋ねてきましたが、

「ああ、何か急用ができたとかで、さっき帰られたばかりなんです。すみません、後片付けができてなくて」

私はそう答えざるを得ませんでした。

その間、水野さんの行為は収まるどころか、ますますエスカレートしていました。

私の背後にしゃがみ込んだまま、ズルズルと着物の裾をたくし上げると、下着をつけていないナマ尻の左右の肉たぶを押し開くようにして、恥ずかしいアナルに舌を這わせてきて……！

「はい、じゃあこちら日本酒の冷やで……うっ！」

「女将さん、どうしたの？　大丈夫？」

思わず漏れてしまった私の呻き声を心配してくれるお客さんたち……でもまさか、この下で生アナルを舐められてるからなんて言えません。

「な、何でもないんです……ごめんなさいね、おかしな声出して」

適当にごまかそうとする私に対して、お客さんたちはちょっと怪訝そうながらも、二人でお通しをつつきながら、お互いにお酒を酌み交わしつつ語らい始めました。

早速、受けた注文の料理の用意にかかる私でしたが、密かに水野さんの行為はさらに大胆さを増していきます。

幅五十センチぐらいしかない狭い厨房スペースの中で、しゃがんだままジリジリと私の前面側に回り込むと、今度はオマ○コに口をつけ、舌をうごめかし始めました。意外に長い舌が、蛇のそれのようにチロチロとクリトリスを突つき、ヌルリとからみついてきます。そしてクニュクニュ、チュルチュルとぬめり吸ってきて……恥ずかしながらそんな状況で私も濡れそぼり、垂れ落ちたいやらしい分泌液が太腿の内側をタラタラと伝っていくのがわかります。

まだ三十五歳という女ざかりの肉体が、思わぬ淫らな攻撃によって、未亡人ゆえの満たされない肉欲を刺激され、無様に開かれてしまったようでした。

(……あうっ……くう、うう……ぬふぅぅ……ひっ、ひいぃ……)

溢れ出ようとする悶え声を必死で喉奥に押し殺し、快感のあまり小刻みに震えてくる下半身を無理やり押しとどめて……でも、とうとう水野さんの舌が濡れた肉割れをこじ開け、ジュルリと肉ひだの中にぬめり込み、内部を掻き回しながらしたたる淫らな肉汁を啜ってきた日には、もうガマンの限界でした。

「あっ、はぁっ……!」

私は小さく、でも明瞭な喘ぎ声をあげると、たまらずカウンター裏でガクッとしゃがみ込んでしまったのです。

「だ、大丈夫、女将さんっ⁉」

慌てたお客さんたちが心配して声をかけてくれて、さすがに私もこのまま何食わぬ顔でごまかすのはムリだ、と悟りました。そこでお客さんたちには大変申し訳ないけど、今日はどうにも体調がよくないので、もう店じまいさせてほしい。今飲んだ分のお代はいただかなくてけっこうなので、と申し出ました。もちろん快く了承してもらい、私は店を閉めて灯りを消したのです。

そしてそのあとですが……、

「私のこと、こんなふうにして……責任とってくれますよね⁉」

と水野さんに詰め寄り、お店の奥の狭い休憩用の小上がりで抱いてもらいました。もとより、前から私のことを狙っていたらしい水野さんとしては望むところで、最近奥さんとはご無沙汰だというその有り余る精力の限りを尽くして、私のカラダを隅から隅まで愛してくれました。とても四十過ぎとは思えないガチガチに立派なアレと、エネルギッシュなピストンが最高に気持ちよかったです。

これでまんまと私を手中にしたとほくそ笑んでる水野さんかも知れないけど、逆に私にちょっかい出して底なしのオンナの欲望に火をつけてしまったこと……後悔するくらい、肉棒奴隷奉仕させてやるんだから！

■キスで唇をむさぼられ舌を吸われながら、二人がかりで乳房を揉みくちゃに……

映画館の暗闇で味わった五人がかりの集団痴漢プレイ快感

投稿者 渡辺あおい（仮名）／31歳／専業主婦

仕事にかまけてばかりで、昼も夜もちっとも相手をしてくれない夫に愛想をつかして、不倫専用マッチングアプリを使って遊びまくってる私。でもまあ、夫の不平不満を言っておきながら、高給取りのその彼が家に入れてくれるお金で好き勝手してるんだから、私もたいがい悪妻よね（笑）。

で、今付き合ってるお気に入りの不倫相手がオカダさん、三十六歳、二児の父親。彼の希望が、エッチに貪欲で巨乳系のアラサー人妻。

私の希望が、いろんなエッチを楽しませてくれる年上のマッチョ男性。

ということで、見事にマッチング成立！

彼と付き合い始めたここ三ヶ月の間に、いろんな変わったホテルに行ったたし、生まれて初めてのアオカンもやったし、変わった器具を使ってのプレイもしたし……もう、ひ弱かつクソ真面目な夫には望みようもないエッチなアレコレを、た～っぷり楽しませてもらったわ。

でも、ここ最近になって、さすがのオカダさんもちょっとネタ切れ気味？　以前に何度か経験済みのエッチ・ローテーションをまた巡るようになってきた。

私がそのことをチクリと言うと、う〜んとしばし唸ったあと、彼は言った。

「よし、わかった。自分的には過激すぎてずっと見送ってた、とっておきのプレイ・ゾーンがあるんだけど、今日はそこへ連れてってあげるよ。でもいいかい？　あとで泣きごとを言っても知らないよ？」

もう！　そんなもったいぶった能書きはいいから、とっとと連れてってよ！

と、私は心の中でオカダさんに中指立てちゃってた。

そして、私とオカダさんが乗り込んだタクシーが向かった先は、街はずれのちょっとうらぶれた一帯で、降車した彼は私の手を引いて、さらにもっとディープそうな奥地へ向かってズンズン歩いてった。

不安と同時に高まっていく私のイケナイ期待……。

そして彼が立ち止まり、ようやく辿り着いた先は——。

なんと今どき珍しい、成人映画三本立てのポルノ映画館だった。

「淫乱看護婦　濡れた診察室」とか「爛熟未亡人　犯された蜜肉」みたいな、ベッタベタに昭和な（？　よく知らないけど）官能タイトルが並んでて、私としては、何だこりゃ？　こんな時代遅れなポルノ映画館の何が過激すぎるっていうわけ？　と、頭の中は？マークだらけ。

するると、私のそんな怪訝そうな様子を察したのか、オカダさんがこう言った。

「まあまあ、そんなしけた顔しないで。とにかく中に入ってみてよ。ね？」

そして券売機でさっさと一人千円の入場券を二枚買い、入口にいるもぎりのおばさんに渡して半券を受け取ると、誰もいない淋しい休憩ロビーを抜けて劇場入口のドアに手をかけた。その間、私の猜疑心はますます高まるばかり。

（ほらね？　今どきこんなとこにお客さんなんて来るわけないじゃん。スマホでいくらでもタダで無修正のエロ動画が見られるっていう時代に、誰が好き好んでこんなカビ臭いところ……）

ところが、オカダさんがドアを開けて入った、その向こう側に広がる光景を見て、私は思わず呆然としちゃった。

もちろん、基本、館内は暗いわけだけど、映画を上映しているスクリーンの照り返しの光と、ドア上三ヶ所にある『非常口』と記された緑色の明かりなんかのおかげで、暗闇に目が慣れてくるとだんだん辺りの様子がそれなりに見えてきて……なんと、決して広くはない館内には誰もいないどころか、軽く五十～六十人はいそうな人の群れがひしめき合うようにうごめいていて……！

（う、うわっ！　何これ、大盛況じゃないの～！）

前言撤回。誰も来ないどころかほぼ満席に近いような賑わいっぷりで、はいはい、私が悪うございましたって感じ？

でもだからって、これが私たちのエッチとどう関係するっていうの？

古臭いポルノ映画を観て盛り上がる観客たちに囲まれて、ちょっとイチャイチャするのが関の山ってとこじゃないの？

意外な驚愕から一転、またもやぶり返してくる私の猜疑心。

でもちょっと待てよ？　この館内の様子……なんか単に大入り状態で盛り上がってるわけじゃないような……？　そう気づいて、暗がりの中、改めて状況を見渡してみると、そこで繰り広げられていたのはとんでもない光景だった！

黙って映画を観ている一人客なんて実は稀で、客席のあちこちでだいたい四～五人のかたまりが八ヶ所ぐらいできてて、それらの中央にいるのはなんと女性！　そしてその女性を男性客たちが囲み、揉みくちゃにしていたの。

あっちのかたまりでは女性が上半身を剝かれ、裸の胸も露わに触られまくりの、吸われまくり。こっちのかたまりではスカートを大きくたくし上げられた女性の股間に屈み込んだ男たちが、アソコや白い太腿を舐めむさぼってる。あ、あの一番奥のかたまりなんて、女の人全裸じゃないの！　やっぱーっ！

とまあ、そんな何でもアリの乱痴気状況に目が点になり、そしてぶっちゃけ、あまりのエロさに煽られてヘンな気分になってきちゃった私は、オカダさんに手を引かれて客席の中央辺りに並んで腰を下ろした。彼が言った。

「ふふふ、すごいだろ？　この映画館って実は集団痴漢のメッカなんだよ。生半可なことじゃ満足できない淫乱女性が一人でやってきては、虎視眈々と女体を狙う痴漢たちに身をさらけ出して……二、三人どころかヘタすると五、六人に囲まれて触られ放題、しゃぶられ放題！　今はまだ映画も始まったばかりで小手調べって感じだけど、もうちょっとしてプレイがエスカレートしてくれれば、悶え喘ぐ女性たちの喜悦の喘ぎ声が館内中に響き渡って、そりゃもうものすごいんだ」

あっけにとられながらその説明を聞いている私のスカートの中にオカダさんの手が滑り込み、パンストの上を内腿から股間にかけて撫で回してくる。普段だったらこんなことぐらいでそう易々と反応したりはしないけど、さすがにこの状況だと私の性感テンションも爆上がりしてしまい、全身もうビクビク、ビンビンだ。

「……あ、はぁん……」

「おっ、今日はもうさっさと濡れてきてるぞ！　いいね、いいね！」

私とオカダさんでそんなふうに盛りあがってきてると、

「おお〜〜っ、最近の獲物の中じゃあダントツにいい女じゃないか！　はいはい、混ざらせてもらいますよ〜〜！」

と言いながら、一人の男性客が私とオカダさんの間に乱入してきて、それに続いて次々と……計四人の痴漢たちに私たちは囲まれちゃった。いや、正確にいうとすぐにオカダさんは二つ離れた席へと移されて、オトコが好きなゲイ痴漢の皆さんの餌食になってしまい、私が一人で四人の痴漢の皆さんに群がられた格好だ。

またたく間に上半身を剝かれてナマ乳を露出され、キスで唇をむさぼられ舌を吸われながら、二人がかりで乳房を揉みくちゃに。さらに乳首をチュパチュパと吸われ、私は自分の口から溢れ出す唾液にまみれながら、悶えヨがっちゃう。

「……んはっ、あっ、ああ……がふっ……ひぃ……！」

かと思うと、前の座席との間の狭いスペースに無理くり入り込んできた別の二人が、私の脚元にしゃがみ込むとパンストを足首のところまで引きずり下ろし、一方が内腿をペロペロ、レロレロ、もう一方がアソコの茂みを搔き分けて肉唇をヌチョヌチョ、ジュルジュル……未体験の四人がかりの痴漢攻勢に、私はアッという間に二回もイッちゃった。こんなの、ここ最近じゃとんとなかったもの凄さだ。

「あん、あっ……はぁ……んがふっ……！」

するると、そんな私の口をいきなり極太の物体がふさいできて……もちろんそれはオスのいきり立った肉棒で、背後の席にいたまた別の一人が立ち上がり、私の首をねじるように咥えさせてきたってわけ。

なんとこの時点で五人がかりの攻勢にさらされ、私の性感テンションは際限なく爆上がりしちゃう一方で……「あんっ、ひっ……ひあぁぁぁっ！」と、さらに二度、三度とイキまくっちゃった！　で、そのとどめとばかりに咥えさせられた肉棒から大量のオスミルクを注ぎ込まれて、もうこの辺で限界……。

あられもない姿でグッタリとしながら、横のオカダさんのほうを見ると、あらら、彼もちょうど男の口の中にドピュッと出しちゃったところで……あとで聞いたら、そんなの初めての体験だったけど、超刺激的で気持ちよかったらしいわよ。

この映画館集団痴漢プレイ、まだこのとき一回のみの体験だけど、また近いうちに連れてってと、いまオカダさんを催促してるとこなの。

■彼女たちは一気にオレの体に群がり、乳首を吸い、肉棒をしごきしゃぶり立て……

料理教室でとことん精を搾り尽くされた4P快楽地獄！

投稿者　谷沢光（仮名）／33歳／デイトレーダー

　オレは五年前まで証券会社に勤めていたが、その後デイトレーダーという名の個人事業主として独立し、日がな一日パソコンに向かって株の売買を繰り返して稼ぎを得ている。始めた当初はけっこう大変だったけど、ここ二年ほどは年収が一二〇〇万を超え、まあまあ優雅な暮らしができている。一説によるとデイトレーダーのおよそ九割が負けていて収支がマイナスだというから、オレはけっこう成功してるほうなんじゃないかな？

　そんなオレもいよいよ最近、結婚を考えるようになってきた。先のことを考えれば絶対的な保証はないものの、稼ぎ的には結婚相手としてかなりいい部類に入るだろうからいいとして、見た目も磨くため週二回ジムに通って身体を鍛え引き締め、メンズエステに通っての男ぶりアップにも余念なしという感じだ。

　でも、そこでふと思い当たった。

そうだ、最近は料理男子がモテると聞いたぞ。

高収入と好男子ぶりに加えて、高い料理スキルを身につければ、婚活用の武器としてこれ以上の装備はないだろう……よし、料理教室に行こう！

そんなわけで調べてみると、うちのマンションから歩いて行ける距離に二軒の料理教室があったのだが、そのうち一軒は紹介者がいないと入会できないということであきらめ、もう一軒の誰でもオッケーのほうに通ってみることにした。

『さくらキッチン』

オーナーであり先生のさくらさんの名をとって付けられたそこは、とても三十代後半とは思えない若々しい美貌のさくら先生の、わかりやすく親身な指導でまったくの料理オンチだったオレでも着実にスキルと知識を身につけることができ、また先生のアシスタントである二人の魅力的な女性、美月さん（二十八歳）とルリコさん（三十歳）のコンビネーションもよく、マジ『当たり』の料理教室だった。

気がつくと、オレは週に二、三回と足しげく、喜々として通うようになっていた。

そんなある日の教室でのことだった。

とんでもない『サプライズ』がオレを待ち受けていたのは。

その日も、教室の始まる定時にいそいそと足を運んだのだが、なぜか、いつもは七、八人はいる他の生徒さんたちが一人もおらず、いたのはさくら先生と美月さん、ルリコさんの三人だけだった。

「あれ、今日は他の生徒さんたち、どうしたんですか？」

怪訝に思ったオレが訊くと、さくら先生が言った。

「それがなんと皆さん、インフルエンザだって！　まさかここでうつったってことはないだろうから、ほんとすごい偶然よね～？」

たしかに最近はやっているとは聞いていたけど、それにしてもすごいシンクロニシティだ。皆さん、お気の毒に……。

とにかく生徒がオレ一人じゃ、とても教室にはならないだろう。すごすごと引き上げようとしたオレに美月さんが言った。

「あ、谷沢さん、帰らないで！」

「そうですよ、せっかく来てくださったんだから、教室やりますよ」

と、ルリコさんも口を揃える。

さくら先生もニコニコしてうなずいてる。

生徒一人に教える側が三人だなんて、ぜいたくな話だが、こんな美女三人による個人教授状態なんてまたとないチャンスだ。別に下心があったわけでもないけど、オレはお言葉に甘えて、喜んでそのまま受講させてもらうことにした。

この日のメニューはハンバーグで、まずは玉ねぎのみじん切りからだ。

オレはさくら先生の指導に従って、キッチンに立つとまな板の上で包丁を使って作業にとりかかった。玉ねぎを切り刻んでいくと自然に涙が出てくる。おお、やっぱりドラマなんかで見たとおりだ。

そんなどうでもいいことを思っていると、後ろから美月さんが覗き込んできた。

「ああ、とってもいい感じで刻めてますねえ。優秀、優秀」

と、オレのすぐ耳の後ろから声がけしてくれるのだが、その距離感が妙に近い。彼女のしゃべる熱い吐息が耳朶をなぶってきて、ちょっとゾクゾクしてしまった。まあ別に他意はないのだろうが、健全な男子であるオレは不可抗力的に少し反応してしまい、股間がズキッとする感覚を覚えていた。

いかん、いかん！　集中、集中！

邪念を振り払い、作業に臨もうとするオレ。

ところが今度は、反対側の後ろのほうからルリコさんが覗き込んできて、

「あ、ほんとだ！　上手ですねえ、谷沢さん！」

と、こっちでもしゃべる熱い吐息が反対側の耳朶を震わせてきて……オレは左右の

耳朶を同時にダブル攻撃されるという状況になり、ほとほと参ってしまった。

うわ、さすがにヤバイなあ……とりあえず早くこの作業を終わらせないと！

オレは必死でみじん切りのスピードアップに努めたが、次の瞬間、それがまったく無意味であることに気づかざるを得なかった。

というのも、今度はなんと美月さんとルリコさんが二人同時に、吐息どころか、左右から直接オレの両耳朶をねぶり、甘噛みしてきたのだ！　こうなるともう、二人の吐息攻撃がただの偶然なんかであるわけがなく、オレが作業を早く終わらせてどうにかなるものでもないということだ。

まさかのエロ確信犯。

そこでオレは「ハッ」と思い、それまで少し遠巻きで指導をしていた、さくら先生のほうを窺った。と、その顔に浮かんでいたのは、うるんだような熱い瞳でオレを見つめながら、妖しくネットリと舌なめずりする、世にも淫靡な表情だった。

や、やっぱりさくら先生も……オレに欲情してる……!?

どうやら三人の美女が束になって、オレを狙っているらしいという状況をイヤでも把握しつつ、でもオレはとりあえずこう言ってみた。

「み、みじん切り、終わりました。このあと、フライパンで炒めるんでしたっけ？」

　でも、それに誰も答えてくれることはなく、相変わらず美月さんとルリコさんに左右の耳朶を責められているオレの元に、今度はさくら先生が近づいてきて言った。

「もういいわ、中断よ。この続きはあとで」

　そして正面からオレの唇にむしゃぶりつくと、チュパチュパと吸い立て、舌と舌をニュルリとからませ合いながら、ジュルジュルと唾液を啜り上げてきた。オレは突っ立ったままなすすべなく、魅力的な三人によって首から上をもてあそばれまくられているという状態だった。

　すると、優に二分ほどもそうしていたさくら先生が、ようやく唇を離して言った。

「実を言うとね、私たち三人、ずっと谷沢さんのことといいなあって……一度でいいから抱かれてみたいよねって話してたんだけど、そうそうそんなチャンスなんてないじゃない？　けっこう悶々とするばかりで。ところがそこへ今日の嬉しいハプニングよ！　他の生徒さんたちが全員インフルエンザで欠席の中、もしも谷沢さんが来てくれたら、やっちゃおうよ！　ってことになって……」

「な、なるほど、オレは飛んで火にいる夏の虫だったたってわけですね？」

　ことの次第を知り、ようやくオレは納得した。

　そういうことなら、こっちとしても遠慮なくいただくしかないよな！

「そうそう。私たち三人とも人妻だけど、実は皆、夫婦生活に不満を抱えててね……ねえ谷沢さん、そういうことだから、今日は思う存分楽しみましょ？」

「はい！」オレはズボンの下ですでにギンギンに張り切っている肉棒と、すっきり晴れやかに開き直った気分を抱えながら、高らかに返事をした。

教室として使っているマンションには、もう一部屋六畳ほどの洋間があり、そこは普段は合間の休憩スペースとして使われていたが、もちろん今日はセックス部屋だ。

オレたち全員、服を脱いで裸になると、そこへなだれ込んだ。

「あ～ん、谷沢さんのこの引き締まった細マッチョボディ！　間近で直接見ると、やっぱりたまらないわ～っ！」

「ほんと、ステキ～っ！　うちのメタボ旦那とは大違い！」

などと口々に言いながら、彼女たちは一気にオレの体に群がり、乳首を吸い、肉棒をしごき、しゃぶり立て、アナルまでいじくり舐め回してきた。それに対してオレだって必死に応えようと、皆の乳房を揉み立て、吸い、マ○コに指を抜き差しさせながら、溢れる蜜液を啜り上げた。

「あん、あ～ん……き、気持ちいい～～！　オマ○コいいのぉ～～～」

「あふ、あふ、んあぁ……もうガマンできないぃ！　早くこの固くてでっかいチ○ポ、アタシのマ○コに突っ込んでぇ～～～っ！」

と、やはりここはれっきとした優先順位があって、最初にファックする相手はもちろんさくら先生だった。

「ああん、谷沢さんのが奥まで突いてきてる～……か、感じる～～！」

正常位で貫くオレだったが、その背後から、美月さんがオレのアナルをしゃぶりながらタマを揉み転がしてきて……これはたまらん！　オレはあまりの快感にあっという間に射精してしまった。

そしてほとんど休むヒマを与えられず、次にオレは四つん這いになったルリコさんをバックから犯し、そのあと立て続けに美月さんを騎乗位で下から突き上げた。

「あ、ああ……ちょ、ちょっと休ませて……」

オレは情けなく泣き言を言ったが、それが聞き入れられることはなく……、

「あと、もう一巡よ！　がんばって、谷沢さんっ！」

鬼か！

とにかく、すべてを搾り尽くされた挙句にようやくオレは解放され、そのあとちゃんとハンバーグ作りをさせられたのだった。

■ついに初めて女芯を貫かれた私は、一番深いところでそれなりの激痛を感じ……

初恋&失恋相手である彼に処女を捧げた同窓会の夜

投稿者 品川絵里香（仮名）／33歳／OL

中学を卒業してもう十八年が経ちますが、これまで三回ほどあった同窓会のお誘いを断り続け、ついに今回、四回目のお誘いにして初めて出席することにしました。

断り続けた理由は、当時同じクラスだったある男子に会いたくないからで。

そして今回出席を決断した理由は、その男子に会うため。

わけわかんないですよね？

その顛末はこういう感じです。

彼の名は斉藤くんといいました。私の初恋の相手でした。想いが募りに募った挙句に、私はとうとう彼に告白しました……が、見事に玉砕しました。

そのこと自体は仕方ないのです。本当は好きでもないのに、無理に付き合ってもらっても、長続きするはずもありません。問題は彼がそのことをクラスの他の皆にばらしたことです。

私は哀れな失恋女子として皆から後ろ指をさされ、さげすまれ、ネタにされて……結局そのことがトラウマとなって、その後私は恋愛恐怖症となり、男性と交際できない女になってしまったんです。

おかげで三十三歳になる今も男性経験がありません。処女です。

でもさすがに、このままでいいわけがありません。

親はしつこく「結婚はまだか」「孫はいつ抱かせてくれるのか」と言い、同僚たちにも次々とおいていかれ……私は一念発起して、婚活に邁進する決心をしました。でもその前に、すべての元凶である斉藤くんに、面と向かってひとこと言ってやらないことには前に進めません。

今こそケジメをつけるときだわ！

そのために私は、勇気を振り絞って今回、斉藤くんが来ることを確認した上で、同窓会に出席することにしたというわけです。

そしていよいよ同窓会当日。

会場で十八年ぶりに再会した斉藤くんは、悔しいことに当時私が好きになった彼より、さらに何倍もかっこよく素敵になっていました。頭もよかった彼は一流大学を出た後、大手商社に就職し、出世街道を歩みつつ結婚もし、幸せな家庭生活を築いているといいます。

ますますいけ好きません。

おまえのおかげで、私がどれだけその後、つらい目にあったか、苦しい人生を歩んだか……恨みつらみのすべてを面と向かってぶつけて、ちっとは良心の呵責に苛まれさせてやらないことには気がすまないというものです。

いよいよ対決のときです。

一次会後、幹事であり当時の親友だった真奈美の計らいで、斉藤くんと二人だけで話せる機会を得た私は、小さなＢＡＲに場所を移しました。

そしてカウンターに横並びに座り、相変わらずのやさしく素敵な笑顔を湛えている彼に向かって怒りを大爆発……させることが、結局できませんでした。

このときようやく私は気づいたんです。

十八年前、彼に失恋した上に手ひどい仕打ちを受け、それ以来、新しい恋もできず、彼のことを殺したいほど恨み続けたのは、実はずっと彼のことが好きだったから。今回、同窓会への出席を決めたのも、彼に意趣返しをしたかったからじゃなく、やっぱり処女は最愛の彼に捧げて、自分にけじめをつけたかったから——！

そんな溢れるような想いを湛えた私の目を見て、彼はすべてを悟ってくれました。

「絵里香、ホテル……行こうか……」

「………うん……」

それから歩いて五分ほど行った先のホテルに入り、部屋で二人きりになると彼は言いました。

「絵里香、あの頃よりぐっと魅力的になってて、驚いたよ」

「そんなことない……もうすっかり会社でもお局様扱いされてて……」

「そんなの、周りの奴らに見る目がないんだよ。あの頃、きみに告白されて恥ずかしくて思わず断っちゃった俺だけど、心の中ではOKしてたんだよ？　弾みで皆にばらしちゃったのは本当に申し訳なかったけど……」

「ううん、そんなこと、もういいの！」

私は彼の言葉をさえぎると、その唇に熱いキスを重ねていました。そしてお互いの舌を吸い合ったあと、蚊の鳴くような声で言いました。

「私、はじめてなんだけど……いい？」

「光栄だよ。俺も当時に戻って、童貞の気持ちで絵里香のこと、愛するよ」

彼の言葉に思わず熱いものがこみ上げながら、私は服を脱ぎ、彼も続きました。

全裸で抱き合うと、カラダいっぱいで彼を……その股間で硬く大きくいきり立っていく彼の分身を、しっかりと感じました。

「あ、ああ……斉藤くん……これ、すごく熱い………」

彼の分身が当たっているおへそから下腹部にかけて、同じくらい熱く昂ってしまった私は、自分のソコが濡れてトロトロにとろけているのがわかりました。そこにこすれている自分の分身でそのことを感じとった斉藤くんは、

「さあ、ここに寝そべって。俺がたっぷり舐めてほぐしてあげるから」

と言い、私の股間に顔を埋めて内部を舌で掻き回してきました。

妖しく滑らかにうごめくその淫らすぎる感触ときたら……自分の指でのオナニーでは決して感じることのできないその官能に、私は際限なく陶然と呑み込まれていくばかりでした。

「あ、ああ……さ、斉藤くん……私、気持ちよすぎて……こわい……」

「よしよし、じゃあ今度は俺の指を入れていくからね。いくよ……」

彼の太い指が一本、二本、三本……と差し入れられ、ヌリュヌリュと内部を掻き混ぜてきて……どんどん増していくその快楽に、私は背をのけ反らせて悶え、喘いでしまいます。

「……んあぁ、あん！　いい、いいわ……感じるぅっ！」

私はもうたまらなくなって、彼の勃起した分身を摑んで自分の中に引き入れようとしました。でも、彼はそれを制して、

「待って待って。ゴム、ちゃんと着けないと」

と言うと、自らコンドームを装着した上で私の中に挿入してきました。

ズプ。ヌブブ、グプ。ズッ、ズッ、ズ……ズヌプ。

ついに初めて女芯を貫かれた私は、一番深いところでそれなりの激痛を感じ、思わず涙ぐんでしまいましたが、そのあとは快感が押し寄せてくるばかりで……いつしか両脚を彼の腰に巻きつけ、締め上げげながら、自ら腰を使ってしまっていました。

「あ、ああっ、んあっ……斉藤くん、いい……いいのぉっ！」

「くあっ、ああ……え、絵里香ぁっ！　うっ、うぐっ……！」

私は晴れて処女を喪失しつつ、同時に初めて性交での絶頂に達し、私の上で果てた斉藤くんの顔を嬉しい気持ちで眺めていました。

その後、私たちは笑顔で別れを告げ合いました。

私の心は、新しい女の幸せを求める前向きな気持ちで満ち溢れていました。

■私は彼の濡れたジャージズボンの中に手を突っ込み、下着を掻き分けながら……

ランニング中の雨宿り、見知らぬ彼と体の奥深く温め合って

投稿者　佐久間瑠衣（仮名）／24歳／アルバイト

大学は卒業したものの、就活はことごとく失敗……以来、結局いま現在に至る丸二年もの間、実家の近所のホームセンターでアルバイトしてる。まあ、仕事自体は楽しいし、時給はいいし、職場の人間関係も悪くないしで、別にこれといって不満はないんだけどね。

でも、一つだけ目下の悩みがあるとしたら、それはぜい肉がついて少し体がたるんできたこと。働き始めた当初は、とにかく全力で下働きでも何でもがんばるから、毎日ガンガン、カロリー消費して引き締まった体型を維持してたんだけど、だんだんと経験を積んで要領を覚え、さらにバイトリーダー的な立場になった今は自分で動くことも減り、下の子たちに指示出しすることのほうが多くなったものだから……そうなるとダメね～。

ってことで一念発起、運動して体をシェイプアップすることにしたの。

といっても、ジムとか、まわりにいっぱい人がいるところはなんかイヤだし、筋トレや痩身の器具とかにお金をかけるのもイヤだしで、結局落ち着いたのはランニング。これなら黙々と自分一人のペースでできるし、お金もほとんどかからないし……ということで、原則毎日、バイト上がりの午後七時以降に、自宅周辺の全長三、四kmのコースを走ることにした。

そうやって走り始めて一週間目ぐらいのときだったわ。

天気予報だと激しい雨が降りそうとのことだったけど、私が見るにそんなかんじの空模様じゃなく、「ま、大丈夫でしょ。降らない、降らない」と、自分に都合よく判断すると、いつもどおり、上は半袖Tシャツ、下はロング丈のランニングパンツをまとい、ランニングシューズを履いて自宅前を出発したの。

すると、走り始めて十分ほどが経ち、ちょっとした自然公園の中を通るコースにさしかかったときのこと、突然遠くで雷鳴のような音が聞こえたかと思うと、あっという間に空模様が怪しくなり、いきなりものすごい豪雨が降りだしちゃったのね。

「えっ……ええっ⁉　マ、マジ？」

とにかくどこかに雨宿りしないと！

激しい雨で辺り一面の景色がけぶる中、必死でどこか屋根のあるところがないかと目を凝らすと、公園内の二十メートルほど先のところに四阿《あずまや》らしきものを発見！　よくある、屋根はあるけど周囲を囲む壁はない、休憩用の椅子なんかが設置された場所ね。私は雨の中、ズブ濡れになりながら、必死でそこ目がけて走ったわ。雨が降りだすまでは温かな夜だったけど、すごい勢いで冷たい雨に打たれるとさすがに体温も下がり、四阿に辿りついたときには、私は歯の根が合わないほどガタガタと震え、ズブ濡れの自分の体を両手で抱きしめてたわ。

と、驚いたことに、そこには先客がいたの。

三十歳ぐらいの男性。私と似たような格好してたから、やっぱり雨宿り中のランナーみたい。当然、私と同じく全身ズブ濡れ。お互いに冷たく濡れたランニングウエアが体に張り付いてる状態ね。

「あ、すみません……失礼します」

私が一応、新参者の礼儀としてそう言うと、彼は、

「いえいえそんな、お互いさまですよ。それにしても、まさかいきなりこんなすごい降りになるなんて……まいっちゃいましたねー」

明るい声音で言ってくれたものの、やはり相当寒そうで。

そんな感じで、しばし二人、お互いに自分の体を抱きしめた格好で、寒さに震えな

がら言葉少なに見つめ合ってたんだけど、ついに彼が思わぬ一言を。

「あの……決して他意はないんですけど、もしよかったら、その……お互いに濡れた体を温め合いませんか？　じゃないとマジ、低体温症にでもなったらヤバそうだ」

いや、一瞬ビックリしたけど、たしかにそのとおり。私はどんどん冷えていく体に、正直、命の危険を感じてたくらいなんだもの。

だから、こう答えてた。

「は、はい……そうしましょう。わ、わたし……寒くてもう死にそう！」

「で、ですよね？　じ、じゃあ……失礼します！」

彼はそうきっぱりと言うと、私の隣りに座ってきて、ギュッと横抱きに抱きしめてくれた。最初はお互いにズブ濡れの服と肌が冷たく感じたけど、徐々に相手の体温を感じてきて……。

「……あ、あったかい…………」

私は思わず心の底からの言葉をこぼしちゃった。すると彼のほうも、

「ああ、とてもあったかい……本当に生き返るようです……」

と、同じくしみじみと言って。

そのとき、私たちはお互い、ごく自然に、もっともっと温かくなりたかったのだと

思う。カラダのもっともっと奥のほうまで、深く深く……！

彼の両手が私の濡れたTシャツの中に潜り込み、スポーツブラを外すと、ぴっとりと乳房に張り付いてきた。その手のひらから、ジンジンと温もりが染み込んできて、血の気を取り戻した私の乳房は、さっきまで濃い紫色に染まっていた乳首にピンクの彩りを取り戻していった。

「……あ、ああっ……あったかくて……気持ちいい……」

「ああ、もっともっと温めてあげたい……」

彼は続いて私のTシャツをめくり上げると、今度は乳首を直接舐めてきた。ますます熱を持ったぬめりが、ジットリとピンク色の突起にからみつき、舐め吸ってきて、私はその燃えるような温もりと快感に、思わずとろけそうになっちゃう。

「はあっ……ああ、あ、ああん……」

もうじっとしていられなくて、私のほうも彼の身をまさぐると、その濡れたジャージズボンの中に手を突っ込み、下着を掻き分けながら中身を探って……全身は冷たく濡れているはずなのに、そこだけは火のように熱くたぎった、固い肉の棒に触れていた。ドクドクと脈打つ血流が感じられる。

「ああ、すごい……ここ、こんなに熱い……！」

「あ、ああっ、そ、そんなふうに触られると、おれ……たまらない……」

彼はそう言いながらも、自分も私の下半身をまさぐり、ランニングパンツの中に手を滑り込ませると、ぬめる秘肉の中に指を沈めてきた。そしてクチュクチュと動かし、中をニュルニュルと掻き回してきて……！

「……ひあっ！　あん……あぁぁっ！」

お互いのひときわ熱い部分を確認し合った私たちは、もう、もっともっと深くつながり合い、奥の奥まで温かくなりたくてどうしようもなくて。二人、息せき切って服を脱がし合い、辺りを支配する寒さも何のその、裸になって身を重ねた。そして私は胎内奥深くに彼の熱いみなぎりを感じ、その温かさを肉ひだで包み抱きしめながら、自ら腰を振り、彼にぶつけていった。彼もそれに応え、ガンガンと熱く固いくさびを打ち込んでくる。

「ああっ、あ、あひぃぃっ……あったかくて、気持ちいひぃぃ～～～！」

「ああ、おれも、おれもだよっ！　んくうっ！」

正直、そのあとのことはあまり覚えてないの。気がつくと雨は上がり、私はちゃんと服を着てて……でも、夢じゃないのは、アソコの熱さでちゃんとわかったわ。

第三章

狂悦！

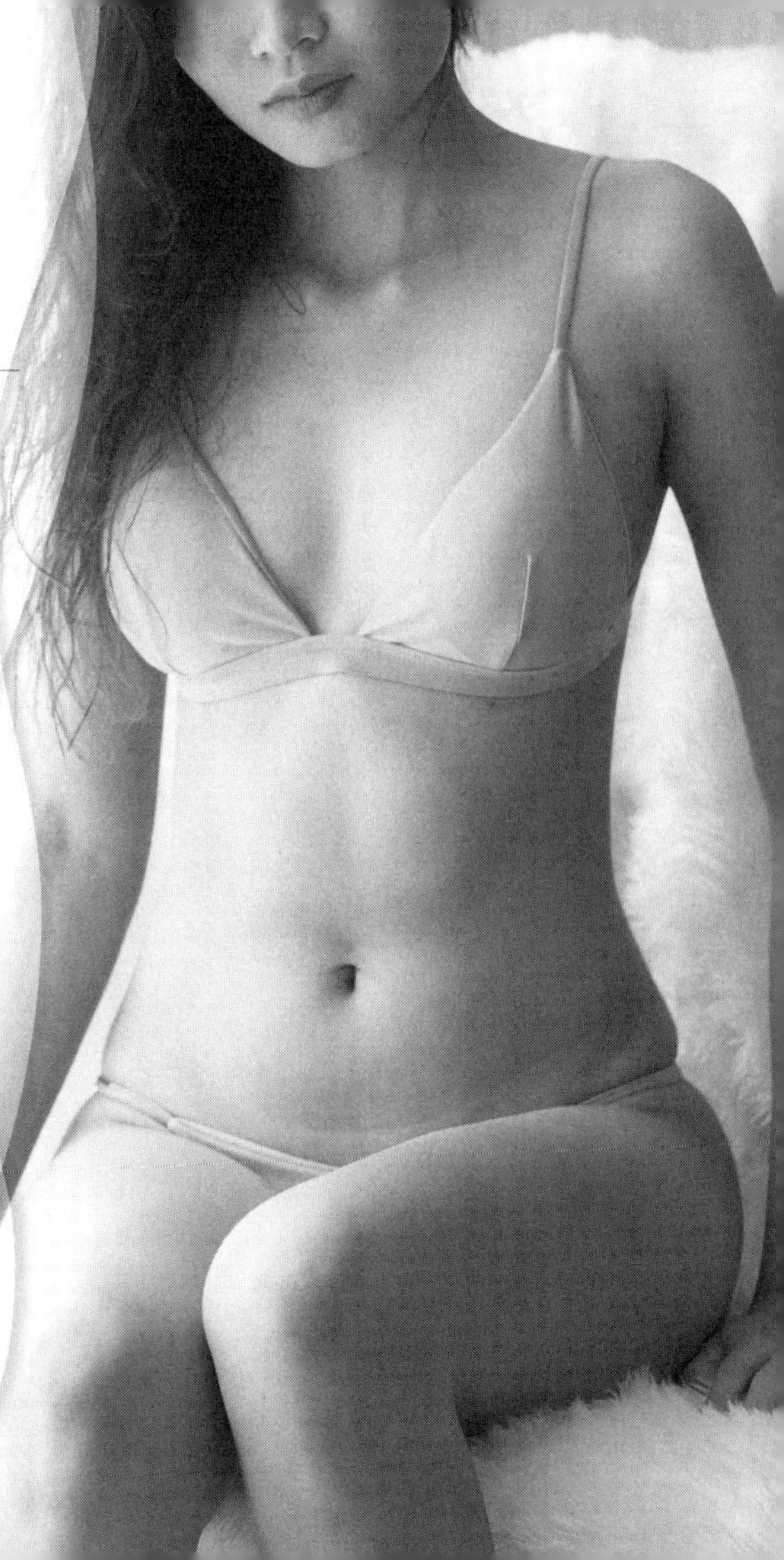

■彼女は目をギラリと光らせながら、私の左右の乳首を洗濯バサミでキュウッと……

主婦友とのSMレズプレイで未知の自分に目覚めた私

投稿者 串田真凛（仮名）／33歳／専業主婦

私が京子さんと出会ったのは、町内の催しとして行われたフリーマーケットで、売り場ブースが隣り合ったことがきっかけでした。お互いに自分ではもう着なくなった衣料品を商品として並べていたのですが、その趣味のベクトルが似通っていたことで意気投合、連絡先を交換し合って付き合いが始まったんです。

つい最近、ご主人の転勤に伴って引っ越してきたという京子さん。

週イチぐらいの頻度で、お互いの子供が学校に行っていていない昼間、近所のファミレスで会って楽しく話に花を咲かせて……彼女はとても気さくで明るく、私はいい友達ができたととても喜んでいたものです。

そう、あの日、自分の誕生日だからいっしょに祝ってと言われ、初めて彼女の自宅マンションを訪ねるまでは……。

その日は土曜日で、偶然にも夫と娘が某テーマパークに行くと言いだし、私は時間の制約をそれほど気にすることなく京子さんのバースデーを祝ってあげられると喜んで、プレゼントを携え、約束の午後一時に着くよう先方へ向かいました。

彼女のほうも、ご主人と息子さんは今日、ご主人の実家のほうへ遊びに行っているとのことで、これで二人だけの気兼ねのないお誕生パーティーを楽しめるね、とお互いに喜び合いました。

プレゼントを渡し、京子さん手ずからのおいしい料理とケーキに舌鼓を打ちながら、ワインを酌み交わし、いつもにも増して楽しい時間は過ぎていきました。

でもそうこうするうち、そもそもあまりお酒に強くない私はどんどんワインの酔いが回ってしまい、いつの間にかつぶれ、寝てしまったようでした。

そして、なんだかカラダがスースーするなあと思いながら目を覚ました私は、ビックリしてしまいました。

長ソファーの上で寝そべっていたはずが、そのとき私は背もたれのある籐の椅子に座っていて、しかもなぜか一糸まとわぬ全裸！　しかもしかも、両手足をしっかりと椅子に縛りつけられていて、まったく身動きできない状態だったんです！

「ちょ、ちょっと京子さん、これ、どういうこと……？」

わけがわからず、私が不安と動揺のあまり口ごもりながら訊ねても彼女は答えてはくれず、それどころか自らも服を脱いで全裸になるという、ますます理解不能の行動に出てきました。

最初、私の頭に浮かんだのは、「京子さんって、レズビアン?」という考えでした。ちゃんとダンナさんがいながらも女もイケる人、もしくは世間体的に結婚はしながらも本質は女性が好きな人……と、LGBTが盛んに言われる昨今、実は世の中には性的にいろんな嗜好の人がいるということを私も理解しているつもりでしたから。もちろん、それを当事者として受け入れるかどうかは、また別問題ですが……。

京子さんは、そんな中でもとりわけ特殊な人のようでした。

彼女は女性をいたぶり愛することを好む女……いわばなんと、『サディスティック・レズビアン(SL)』とでも呼べる嗜好を持つ存在だったんです。

「そ、そんな……京子さん、私をどうするつもり……?」

「うふふ、そうねー……とりあえず、こんなところからどうかしら?」

私の恐る恐るの問いに、彼女は魔性の笑みを浮かべながらこう答えると、木製の洗濯バサミを取り出して近づいてきました。

「さあ、このちょっぴり黒ずんだサクランボを可愛がっちゃおうかなー……?」

そう言うと、目をギラリと光らせながら、私の左右の乳首を洗濯バサミでキュウッと挟んできて……！

「ひ、ひぃぃぃっ……い、痛いっ……京子さん、や、やめてぇっ！」

乳首を引きちぎらんばかりの激痛にたまらず絶叫してしまった私でしたが、そんな私の様を見ながら京子さんの目はますます歪んだ歓びで爛々と輝くようで、唇の端にヨダレさえ浮かべて、さらにその洗濯バサミをきつくねじってきて……！

「ひ、ひぃぃぃぃぃ～～～～～～～～っ！」

一段と残酷さを増した激痛に全身をのけ反らせる私。

するといきなり京子さんは片方の乳首から洗濯バサミを外して、赤く腫れ上がりジンジンと痛みに疼くソコをちゅぷりと口に含んできました。生温かくぬめった舌に乳房のふくらみの中心一帯から突起にかけてをニュロニュロと舐め回され、ニュチュゥ～と吸い上げられて……すると信じられないことが起こったんです。

苦痛の余韻がむず痒いようなじれったい感覚に変わったかと思うと、続いてこれまで感じたことのない快楽へと昇華していって……な、何コレッ!?

「あひっ……ひ、ひぃ……ひあぁぁ～～～～っ！」

私はこれまで自分でも聞いたことのないような、狂気じみた嬌声を喉からほとばしらせてしまいました。

「うふふふ、どう？　信じられないくらいのカイカンでしょ？　あたし、串田さんならきっと、このドMな感覚に反応してくれるって思ってたんだ」

それって、自分では知らなかったけど、私が実は京子さんと対になっているとでもいうべき、『マゾヒスティック・レズビアン（ML）』の資質を持ってるっていうこと？　女にいたぶられることで興奮し感じてしまう女……。

「そ、そんなこと……ない……」

必死で否定しようとする私でしたが、京子さんはそれをあざ笑うかのように、

「うふふ、じゃあこんなのはどうかしら？」

と言いながら、もう一つ木製の洗濯バサミを取り出すと、なんとそれで私の敏感な肉豆を……クリトリスを挟んできたんです！

「ひっ、ひうぅ……ひぎぃぃいぃいいーーーーーーっ！」

もちろんそれはとんでもない激痛でした。

でも、それからほどなくして、ありえない感覚が……！

「あ、ああん……あう、うう……くはぁぁあっ……」

「ほらほら、この色濃いめのクリちゃん、普通の女だったら痛いだけのはずなのに、あたしにいたぶられることで、こんなにデロデロに濡れてヒクついてるわよ？」

そう、私は彼女が言うように、もう気持ちよくて気持ちよくて……！

「さあ、もういい加減、自分の本質がドMのレズ女だっていうことを認めて、お互い素直に気持ちよくなりましょうよ！」

京子さんはそう言うと、何を思ったか、私の体を縛り付けたまま椅子を後ろに倒し、私はいわば椅子に座ったままの動けない状態で仰向けにされてしまったんです。

そして京子さんは、

「はい、それじゃあ、あたしのマ○コもしっかり舐めるのよ？　いい？」

と言いながら床の上で仰向いた私の顔の上に、私の下半身のほうを向く格好でまたがり、自分の股間を私の口に押し付けてきたんです。そしてそうしながら両手を使って、私の両乳首とクリトリスを挟んだままの洗濯バサミをクイクイといじくり動かしてきたんです。私の淫らで敏感な三ヶ所が、苦痛を超えた異常カイカンにおののきとろけ、私はその悦びの衝撃に煽られるままに、狂ったように京子さんのオマコをむさぼり、吸いすすってしまいました。

「ああっ、いい……とってもいいわ！　私のスケベでかわいいメス犬ちゃん、その調子よ！　ほら、もっと……もっと激しくしゃぶってぇっ！」

「……んぶっ、んふぅ……んぐ、じゅぶぅ、じゅるるる……んぐふぅ！」

私は京子さんのオマ○コから溢れしたたる大量の愛液で顔中をデロデロに濡らしまみれさせながら、同時に彼女が繰り出す洗濯バサミ三点責めで喘ぎ悶え、何度も何度もイッてしまいました。こんなこと、夫とのセックス……いや、これまでの他のどの男とのセックスでも経験したことがありません。

その後、京子さんは私を椅子の縛めから解放し、三つの洗濯バサミも外してくれました。そして、さんざんイキまくってフラフラ状態の私を自分たち夫婦のベッドに連れていくと、そこではさらに過激に意地悪に、極太バイブを使ったＳＭレズプレイで私をかわいがってくれたんです。

「あっ、ああん……すごい！　京子さん、私、気持ちよすぎて頭がおかしくなっちゃいそうです～～～～っ……あひぃぃ～～～～～～～～っ！」

「あたしもイイわぁっ……あくぅ……イクゥッ！」

そして二人でシャワーを浴びてスッキリし、私が帰り支度をしていると、京子さんが玄関口で私に向かって言ったんです。

「今日はあたしの誕生日を祝ってくれてありがとう。でも同時に、これまでとは違う新しい串田さんが誕生した日でもあるのね……おめでとう」

■痴漢は露出した左右の乳首を摘まみ、クリクリといじくりこねてきて……

朝の満員電車、私の巨乳を狙う四人の痴漢の魔手

投稿者 須田ありさ（仮名）／24歳／保育士

私はいわゆる『巨乳』で、九十一センチのFカップあります。

「うらやましー」と言う友人も少なくありませんが、自分としては人一倍大きなその胸がどうにも恥ずかしくて……いわば巨乳がコンプレックスとなって、なるべくそれが目立たないよう、身体の線が出ないよう、わざとダブッとゆったりした服ばかり着て、そして髪型も地味なショートカットで顔もノーメイクに近く、さらにフレームが太くダサい眼鏡をかけて、世の男性の視界に入らないよう暗めに大人しくを心がけて、日々生活しているんです。

でもそんな努力も、勤めている保育園へ向かうため、通勤の満員電車に乗らなければならないおかげで、徒労と化してしまうことが少なくありません。ついこの間もそうだったのですが、いや、あれほどひどいのは初めてだった……。

朝の七時すぎ、私は自宅の最寄り駅から満員の通勤電車に乗り込みました。

今はやんでいますが、ついさっきまで雨が降っていたこともあり傘を持参の人も多く、そのせいで人込みもかさばり気味だからか、いつもにも増して満員度合がひどいように思えました。

私は内心「まいったな～」とぼやきつつ、人波に押され流されるままに、車両の奥へ奥へと追いやられていきました。そしてようやく流れが収まったと思ったら、車両のどんづまりの連結部のところにいたのです。

私を取り囲んでいるのは男性の乗客ばかりでしたが、四月の後半とはいえその日は少し肌寒く、薄手のコートを羽織っている人が少なくありませんでした。

そんな中で私は、自分の胸の膨らみ具合を悟られないよう、できるだけ背を丸めて周囲の人に胸が接触しないよう努めていたのですが、どうやったって完璧は無理です。

一人の中年サラリーマンらしき男性が「おっ！」という顔をして私のほうを見てきました。感触で明らかに私の巨乳を認識してしまったようです。

「ニヤリ……」という感じで、いかにもいやらしく顔を歪めると、正面から向き合い直し、着ていたコートの前を広げて私のことを覆い込むように接してきました。

彼が『痴漢』として完全に私をロックオンしたことが、いやでも痛感されました。

コートを用いて、私のことを周囲の乗客からシャットアウトする格好になると、にわかに彼は袖から抜いた両方の手を活発にうごめかせて、服の上から私の胸を撫でまさぐり始めました。ゆったりしたブラウスにダボッとしたマウンテンパーカーを羽織っていた私でしたが、彼の狙いは正確で、ブラウスの上からきっちりと乳房の丸みを認識すると、そのカーブのラインに沿って、さわさわ、すりすりと愛撫を繰り出してきて……いつもどおり、私は恥ずかしさと怖さのあまり、声を出すことも、相手の手を振り払うこともできません。

（ああ、早く降車駅に着いてくれないかなあ……）

私はそう願いましたが、今乗っている電車は急行で私の降車駅までノンストップで行ってくれる代わりに、その間十五分というけっこう長い時間、途中下車することはできません。こうなると、ただひたすら十五分間耐え忍ぶのみ……。

とそこへ、あろうことか二人目の痴漢が参入してきました。

その人も、スーツにコートを羽織ったサラリーマンらしき中年男性でしたが、やはり一人目と同じようにコートを広げ気味にして私の体を覆い隠すようにして、背後から密着、私のお尻から太腿の辺りにかけてを撫で回してきました。私はお尻も人より豊満なので、それをいやらしく触りながら、耳元で「ほぉう……」という満足げな声が聞こえてきました。

前と後ろから痴漢に挟み撃ちされている形で、私はますます身の引き場がありません。ひたすら体を縮めているのですが、やがて大胆にも前の痴漢が私のブラウスのボタンを外して前を開くと、無理やりブラと乳肉の隙間に指を突っ込んで、グイグイと押し上げようとしてきました。（あっ！　い、痛い……）私は苦悶に顔を歪めましたが、その無体なふるまいは止まず、とうとうズルッとブラが上側にずらし上げられ、プルンと乳首が顔を出してしまいました。

（あ、あああん……そ、そんなあ……！）

立錐の余地もない満員電車の中で、乳首を露出させられるというはずかしめを受け、私はもう羞恥と動揺の極限状態です。

そんな私の窮地をさも楽しそうに眺めやりながら、痴漢は露出した左右の乳首を摘まみ、クリクリといじくりこねてきました。すると、さすがにナマ乳首を直になぶられる感触は強烈で、私の痴漢を拒絶しようとする意思とは裏腹に、カラダは敏感に反応してしまって……ツンと立った先端から乳房へと広がっていく否定しようのない甘い感覚に、私はガクガクと全身が震えてきて今にも膝から崩れ落ちそうに……でも、この満員状態では悲しいことにそうすることすらできません。

そんな私の状態を見てがぜん興奮してしまったらしく、痴漢は正面から自分の股間部分を私の体にグリグリときつく押しつけてきました。それはちょうどロングスカートを穿いた私の股間の少し上ぐらいの位置に当たりましたが、双方の衣服の生地を間に挟んでいても明らかに固く勃起しているのがわかり、そのいやらしくも激しい熱がジンジンと私の女の中枢にも伝わってくるようでした。

「……あ、あぁ……はふぅ……」

ガタンガタンという電車の走行音にまぎれて周りに聞こえることはないでしょうが、私はたまらず声をこぼしてしまい、自分ではどうすることもできない性感の昂りに身をよじっていました。

すると、今度はさらに背後からお尻にも、同じく熱い感触がゴリゴリと……後ろの痴漢も自分のいきった箇所を押しつけてきて、私はなんと朝っぱらから非常識すぎるサンドイッチ状態に陥ってしまったのです。

（ああ、なんてこと……！）

狼狽する私でしたが、いやらしい惨事はこれで終わりではなく、ああ、あともう二人の新たな痴漢がプレイに参入してきて、私は計四人の痴漢に囲まれ、もてあそばれることになってしまいました。いわば周囲を三六〇度、痴漢の壁で包囲されてしまった状況です。

スマホで時間を見ることもできず、車窓の外の風景を見て通過地点から経過時間を知ることもできない中、私はすっかり混濁した頭で朦朧としつつ、痴漢たちの淫手の餌食になり続けるだけ……。

乳首をなぶられ、乳房を揉みしだかれ、脇も、腰も、背中も、お尻も、太腿も……手が届く限りのあらゆるカラダの部位をまさぐられ、汚されながら……そして前後左右から四本の固くいきった股間の塊をゴリゴリ、グリグリと押しつけられ……そんなはずかしめの中、「……あ、あ、ああっ……！」私は信じられないことにイッてしまっていました。

その後、痴漢たちの手は引いていき、私はスカートとパンストの奥を熱く火照らせ、じっとりと湿らせて……心外すぎる快感の余韻に浸っていましたが、何とかブラと衣服の乱れを整えると、ほどなく降車駅につき、逃げるようにホームに降り立ちました。

今思い出してもサイテー最悪の体験でしたが、同時に白状すると、それから家でオナニーするとき、ついこのときのことを思い出し、オカズにしてしまう自分がいたりするのです。

■太い腕とたくましい胸筋、見事に割れた腹筋がその威容を見せ、私は固唾を飲み……

朝っぱらから謎の侵入者に自宅で犯された衝撃体験！

投稿者　高見沢みちる（仮名）／29歳／OL

きっと、最初から狙われていたんだと思う。

先に夫を仕事に送り出したあと、私も続いて身支度を整え、一旦は会社に向かうためにマンションのエントランスを出たものの、うっかり忘れものをしたのを思い出し慌てて五階の自室まで戻り、鍵を開けて室内に入ろうとしたときのことだった。

玄関ドアが閉まりきらないまま、靴を脱いだ私が三和土《たたき》から上がろうとしたとき、いきなり背中からすごい勢いで衝撃を受け、そのままズンズン、部屋の奥へと押し込まれてしまったのだ。

「……ええっ！　あ、あぁ…………っ⁉」

何が起こっているのかワケのわからないまま、無我夢中で大声をあげようとしたのだが、私を抱え込むようにしている背後の何者かの手によって口をふさがれ、それを封じられてしまった。

とりあえず、自分をいましめている謎の相手の手を振りほどこうとするものの、明らかに筋肉質でゴツイそれはビクともせず……片手は私の口をふさぐために使っているから、なんともう片手だけで易々と私を制し、軽々と運んでいたわけだ。

どう考えても私の力で敵う相手じゃない。

こんなことをしている相手の意図がわからないまま、私の抗う気力は失せていき、次第に手足をあがかせる勢いも衰えていってしまった。

相手はそうやって私の体を運んでいる間、部屋部屋を物色しているようだったが、ついに立ち止まったのは、私と夫の夫婦の寝室だった。

そして私の体はドサッとダブルベッドの上に放り投げられて！

（……ええっ、ま、まさか……!?）

私はここにきて、この謎の闖入者の意図を察し、無駄とは思いつつも、彼の手が離れた瞬間、少しでも隣り近所に知られる可能性があればと再び大声をあげるべく試みたが、一瞬の差で枕元に積んであったハンドタオルの一枚を口に突っ込まれ、かすかな希望も打ち砕かれてしまった。

そして、ベッドの上に仰向けの格好で放られた私は、このとき初めてまともに相手の姿を見ることになった。彼は私の下腹部のあたりに馬乗りになってこちらを見下ろしていたが、さっき直に触れて悟った筋肉質の強靭さに加えて、ゆうに身長は一八〇センチは超えていそうなガタイのでかさ。そしてニットの目出し帽で覆われ、その顔だちを知ることはできなかった。

そして、これまで一言も発しなかったその口が、ついに動いた。

「ずっとあんたを見てた。あんたとセックスしたいだけだ。おとなしくしてれば痛い目にはあわせない」

いやいや、セックスしたい「だけ」って言われても……彼の理不尽な言いぐさに驚愕し、困惑する私だったが、どう考えても拒絶する選択肢はなさそうだった。

思うに、きっと彼はこの近所に住む人で、ちょくちょく見かける私に対して懸想してて……今日も私の動向を窺っているうちに、一旦出かけながら慌てた様子でエントランスに戻る私のあとに密かにくっつき、オートロックの障壁をすり抜けて、まんまとここまで達してしまったのだろう。

まさに千載一遇の好機をものにしたわけだ。

目出し帽の穴の奥から私を見下ろすその目には、いかにも昂りきった欲情が溢れみなぎり、半開きの口はヨダレを垂らしながら息づかいも荒く……仕事用にきっちり着込んだ私のスーツを脱がし剝ぎ取っていく。

「……んっ、んんぅ……うぐふっ……！」

もはや抵抗するつもりなどないが、一枚一枚衣服を剝かれ、肌が露出し、恥ずかしいカラダの部位が次々とあらわにされるに従って、かすれ上ずった悲鳴めいた声が、思わず漏れてしまう。

そしてとうとう全身を裸に剝かれ、いつもは自慢の、でも今となってはこの形よく豊満なゆえに、こうして見知らぬ男に狙われる大きな要因になったであろう乳房がぷるんとまろび出て、相手の目が一段と好色な興奮に輝くのがわかった。

「ああ、ナマで見るとやっぱりすごい……最高のオッパイだ！　た、たまんねえ！」

すぐにしゃぶりつこうとしたが、そこでハッと思い直したかのように、彼も自分の着ていた服を脱ぎだした。思ったとおり、太い腕とたくましい胸筋、見事に割れた腹筋がその威容を見せ、私は一瞬固唾を飲んだ。まさかこれほど毛深いとは思わなかったけど……まるで熊だ。とりあえず下半身はまだ衣服に包まれたままだが、今まさに犯されそうな脅威にさらされている中、ついついその奥で息づく、さぞたくましいであろう秘めた存在を想像してしまう私だった。

そして彼は上半身を倒し、私のナマ乳房にしゃぶりつき、舐め回し、乳首を含んで吸い上げてきた。目出し帽によってポッカリと開いた穴から覗く格好の、彼の唇と舌のうごめきが妙になまめかしく感じられた。

（ああ……やだ、私、感じてきちゃった……）

「……んぐ、うっ、んふぅ……くう、ううぅん……」

「はぁ、はぁ、はぁ……そうか、あんたも感じてくれてるのか！　ああ、たまらん……乳首もこんなに勃起しちゃって……ああ、すてきだっ！」

ますます昂る彼は、さらに激しく胸をなぶりまくってきて、私は自分の胎奥が見る見る熱い奔流で満たされていくのを感じていた。全身がたまらない快感に包まれていき、私は思わず体をのけ反らせて悶えおののいてしまう。

「んくふぅ……うう、うぐっ……くっ、うう、んくふぅ……」

「あ、ああっ……もう、たまらんっ……！」

彼がやにわに膝立ちになり、ズルッと勢いよく自分のズボンを下着もろとも引き下ろした。するとそこには驚きの光景が！

優に夫の倍近くはありそうな見事すぎる勃起ペニスが、ブルンッと音が聞こえてきそうなほどの迫力で振り上がり、そのキングコブラのような鎌首をもたげたのだ。

（ひ、ひぃっ……す、すごすぎるっ……！）

「ああ、もう限界だ……そろそろ入れさせてもらうぜ。ナマで申し訳ないけど、最後は必ず外出しするから……じゃあいくよっ！」

彼がそう言うなり、私の股間を貫く未体験の衝撃！

ズブッ！　ヌプヌプヌプッ……ズッチュ、ヌッチュ、ズズズズッ……！

「んふぅっ！　んぐ！　うう！　んぐふぅ……んっ、んっ、んんっ……！」

今にも破裂せんばかりの迫力で私の膣内いっぱいいっぱいにみなぎり、子宮を突き、叩きまくってくる感覚は、爆発するような快感を次々ともたらしてきて……私は信じられないことに、二度、三度と絶頂の果てへと吹き飛んでいた。

「くうっ……ああ、俺もイキそうだ……う、うぐっ……！」

その瞬間、彼はズルリとペニスを抜き、すごい量のザーメンを私の乳房近くまでドピュ、ピュ、ピュッ、ビュルルルッ！　と飛ばしまくった。

「ああっ……サイコー〜〜〜〜〜〜〜ッ！」

積年の（？）想いを遂げた彼は気分よく引き上げていき、私は完全脱力状態で一人部屋に残された。いきなり訪れた、自宅で初めて夫以外の男に犯されるという衝撃の局面は、同時にそれまでの生涯で最高の快感体験だった。

無断遅刻した会社への言い訳は、ちょっとめんどくさかったけど。

■私のすぐ目の前で、課長さんの剝き出しのペニスが怖いぐらいにいきり立ち……

酔いつぶれた夫のすぐ傍らで私は課長さんと……！

投稿者 松山梨花（仮名）／26歳／ウエブ・デザイナー

私はサラリーマンの夫の妻であると同時に、在宅でフリーのウエブ・デザイナーとして仕事をしています。

その日も、夫は仲のいい同僚がこの春の異動で地方の支社に転勤するとのことで、その送別会に出席するため帰りが深夜に及ぶため、私はそれを待ちつつ、パソコンの前で納期がわりと迫っている仕事を進めていました。

そうやって、夜中の十二時半を回った頃だったでしょうか。

ようやく夫が帰宅したのですが、彼は一人ではなく、酔っぱらってへべれけの状態で、スーツを着た少し年かさの上司らしき男性に送り届けてもらったようでした。

「す、すみません！　とんだお手間おかけしてしまって……」

案の定、その人は三十代半ばの、夫の部署の課長さんでした。

「いや、いいんです、いいんです。今回の人事異動、ご主人……松山くんにとってはかなりショックだったようで、飲み過ぎちゃったみたいだから。ほんと、我々サラリーマンはつらいですよ、ははは……」

やさしさと寂しさが入り混じったような笑みを浮かべながら彼はそう言い、完全に酔いつぶれた夫をリビングのソファに寝かせました。

「すいません、今お茶出しますね」

私がそう言ってキッチンで用意を始めると、

「いえいえ、こちらこそお仕事の邪魔しちゃったみたいで……どうぞおかまいなく。僕、このあとすぐタクシーで帰りますから」

と言い、彼は玄関のほうへ向かおうとしました。

でも、私としてはそれではあまりにも申し訳なく、必死で引き留めました。

「そうおっしゃらず、お茶の一杯だけでも……」

「……わかりました。じゃあ一杯だけ。ありがとうございます」

そして、人の気も知らず、大いびきをかきながらソファで寝る夫を横目に、私と課長さんは向き合って座って熱いお茶を啜りました。

「…………………」

もちろん、会話は弾まず、お互いにバツの悪い沈黙多め。

そのまま十分ほどが経ったでしょうか。「さてと！」

課長さんがそう言って立ち上がり、ようやく帰るものとばかり思った私は、これでやっと針のむしろみたいな時間から解放されると、自ら誘っておきながらホッと一息つきたい気分でしたが、そのあとに待っていたのは、まさかまさかの事態でした。

課長さんは玄関ではなく、私のほうに向き直るとツカツカと歩み寄ってきました。そして、「……へ…………？」とあっけにとられている私の体を引き寄せると、きつく抱きしめながら、唇と唇を重ねてきたんです。

「……んぐ、うっ、うぶっ……んぐふぅ……！」

唇を吸われながらも、身をよじって必死で逃れようとする私でしたが、課長さんの力は思いのほか強くてビクともせず、私はますます激しく唇をむさぼり吸われるばかり。そのうち、口内で彼の舌が私の舌にヌロリとからみつき、ヌチャヌチャ、クチュクチュと吸い搾り、もてあそんできて。するとどんどんお互いの唾液が溢れ出し、混ざり合い、とうとう口外へとしたたり落ちて、ダラダラと顎から首筋へと大量に流れ落ちていきました。

「んふぅ……ううっ、う、ふぅん……うぐぅ……！」

そうされているうちに私の頭は朦朧としてきて、膝がガクガクと震え、足腰に力が入らなくなってきてしまいました。そして課長さんに支えられながら、くずおれるように空いているソファのほうに倒れ込んでしまったんです。

ここでようやく彼が口を開き、言葉を発しました。

「はぁはぁはぁ……奥さんが悪いんだよ。せっかくこっちが気をつかって、もう帰るって言ってるのに無理やり引き留めてきて……その間にまじまじと奥さんのこと見ちゃったおかげで、ほら、そのセクシーさに反応して、僕のこんなになっちゃったよ」

そしておもむろにズボンのベルトをカチャカチャと外し、下着ごと膝までズルリと引き下ろして見せてきて……私は息を呑みました。

私のすぐ目の前で、課長さんの剝き出しのペニスが怖いぐらいに大きくいきり立ち、大きく張り出した先端の亀頭をピクピクと震わせていたんです。そのオシッコの出る穴からは、怪しげな透明な粘液がじんわりと滲み出ています。

「……あ、ああ……や、やめてください……こんな……」

私は、私への欲望にまみれた課長さんの意図を痛いほどに感じ、思わずそんな言葉を口走っていました。でも、それに対する彼の言葉は……、

「それ、本気で言ってる？　奥さん、本当は僕のコレが欲しくて欲しくてしょうがないんじゃないの？　何ならこっちに聞いてみようか？」

今や顔いっぱいに淫猥な笑みを張り付かせて言うと、私のシャツのボタンを外して脱がし、ブラも剝ぎ取ってきて、ナマ乳房がさらされてしまいました。

「ほらほら、もう乳首、こんなにビンビンに立っちゃってるじゃないの！　さっきの僕のキスだけでこのありさまだろ？　ふん、本当にやめてもいいの？　うん？」

私はすっかり課長さんのペースに乗せられてしまったようで、

「あはぁっ……や、やめないでぇ……」

と、淫らな声をしたたらせてしまいました。

「うふふ、よしよし、いい子だ……」

課長さんはご満悦そうに言うと、そのいきり立ったペニスの先端で、私の尖った乳首をいじくってきました。クニュッと押しつぶすようにして……グリグリとこね回すようにして……。

「んあぁぁっ！　くはっ……！」

たまらない快感が乳首で炸裂し、ペニスにみなぎる燃えるような熱が乳房全体をメラメラと焼いてくるようでした。

そして当然、私は自分からそれを咥えてしまっていました。

パクリと亀頭全体を呑み込むと、ジュルジュルと唾液をしたたらせながら口内で抜き差しさせて……徐々に根元まで喉奥に沈めていって。キュウキュウと締めあげながら啜り上げると、一段とペニスが膨張するのがわかりました。

「……くおぉっ！　やべぇ、キモチいいっ……奥さん、すごいよ！」

いよいよテンションの上がってきた課長さんは私のジーンズにも手をかけ、ズルリと脱がせて、とうとう私は全裸に。私も負けじと彼の服を脱がしにかかり、相変わらず酔って眠りこける夫のすぐ傍らで、私たちは生まれたままの格好になりました。

「奥さんっ……！」

「ああっ、か、課長さんっ……！」

私たちはソファの上でシックスナインの体勢でからみ合い、お互いの性器をこれでもかと舐めしゃぶり合い、激しく愛撫し合い……私のアソコはこれまで見たこともないほどドロドロのとろけ具合で、マジこのまま溶けてなくなっちゃうんじゃないかと思ったくらいです。

いよいよ二人とも、お互いに限界まで昂りきってきました。

彼のペニスの竿には今にもブチ切れんばかりに太い血管が浮き出し、私の赤黒く濡れたクリトリスも今にも弾け散らんばかりにフルフルと震えています。

彼がシックスナインの体勢から立ち上がって、仰向けになった私の上から覆いかぶさってきました。

そして、ヌプリと突き入ってくる、熱く固い肉の荒ぶり。

それをむさぼるように受け入れ、淫らに蠕動する柔らかな肉の花びら。

完全に一体化した私と課長さんは、もう止まりませんでした。

「あ、ああっ……奥さん、奥さ～～～んっ……！」

「んあっ、いい……いいの、課長さぁん！　あひぃぃ～～～っ！」

一気呵成に正常位で貫き進んだ後、課長さんは盛大にたっぷりと私の中に熱い精を放ち、私はそれを貪欲に受け入れながら何度も何度もイキ果てていました。

そのあと、課長さんはシャワーを浴びることもなくわが家をあとにして、翌朝、ようやく目覚めた夫に私は何食わぬ顔で相対しました。

「あなた、さんざん迷惑かけたんだから、ちゃんと課長さんに謝っておいてね」

あちゃ～と困った顔の夫を見やりながら、私は思いました。

私と課長さん、何であんなことになっちゃったんだろ？　ま、考えてもしょうがないわね。男と女ってそういうものだもの……ね？

■ワタシは安心して大胆になるべく、全裸になって下半身だけ裸に剝いた彼の……

よからぬ欲望の果てにわざと万引きでつかまったワタシ

投稿者 熊田さつき（仮名）／35歳／パート主婦

ワタシは実は万引きの常習犯。

ムシャクシャして何かストレスを抱えていたり、鬱屈したものがあると、ついついスーパーなんかに足を運び、あれこれフトコロ、っていうか、もっぱら持参のトートバッグに放り込んで、レジを通さず何食わぬ顔で外へ。今までに軽く百回以上は犯行に及んでるけど、いまだ一回も捕まったことがないわ。生来の勘の鋭さに加えて、警戒心もハンパなく強いせいかもしれないなあ……どんなに自然に一般客にまぎれて潜んでいても、店内にいる万引き監視員にすぐ気づいちゃうの。

ただ、そうはいってもなるべく目をつけられないよう、同じ店には続けて行かず、何軒かの店をランダムに巡るようにしてるけどね。

ところが今日は、そんな完全無欠な万引きマスターのワタシが、自分からわざと監視員にバレるように万引きしちゃったときの話、させてもらうね。

その日のワタシのストレスの素は、夫とのセックスレス状態があまりにも長引いた挙句の溜まりに溜まった欲求不満。もう誰でもいいから、ワタシのこの豊乳を揉んで吸って、アソコに固いチン◯ン突っ込んでぇーっ！　って感じでムラムラ&モヤモヤ状態だったけど、とりあえず万引きしてソレを発散&鎮めようと思って……行ったのは、家からちょっと遠いこともあって、もうここ二ヶ月ほどご無沙汰してるスーパーだったわ。

例によってしっかり愛用の万引き用トートバッグを肩から提げ、買い物かごを積んだショッピングカートを押して店内を巡っていくと、前方に一人の大柄な男性の背中があって、ワタシは一瞬で彼に、明らかに万引き監視員らしき首（視線）の動きを見て取ったわ。

（ふ～ん、そつのないあの身ごなし、なかなかの手練れのようね……どれどれ、顔を見てやろうかしら）

ワタシはカートを押しながら彼の前方に回り込み、さりげなくその顔を窺ったんだけど、その瞬間、ハートがドッキーン！　と。

そう、彼ったらワタシのムチャクチャ好みの顔だったの。芸能人でたとえると、ぶっきらぼうだけど純な感じがたまらない、市原◯人みたいな……？

この彼のたくましい腕に抱かれたい！　思いっきり愛されたい！　強烈にそう思っちゃったワタシは、すぐさま自分でも信じられない行動に出てたの。カートを押して進んでいって、少し距離をとりつつさりげなく彼の視界の中に入ると、その視線を意識しながら、わざと目に留まるように商品棚にあったサバの水煮缶を手にとり、スルッとトートバッグの中に滑り込ませて……あ、ほら、彼の視線が反応したわ。よしよし、じゃあさらにもう一個、サンマのかば焼き缶も……これで文句なしにワタシの犯行を確信したであろう彼は、レジに向かってカートを押していくワタシのあとを追ってきた。そして、トートバッグの中の商品がレジを通らなかったことを確認するや否やグッと距離を詰めてきて、ワタシが店外に出た瞬間、グッと腕を摑んできて！

「奥さん、お支払いがまだの商品があるようですね。ちょっと事務所のほうまで来ていただけますか？　そちらで話を伺いますので」

私の耳元、周囲には聞こえない抑えた声音でそう言ってきたわ。

もちろん、ワタシとしては思惑どおりの展開。

逆にこちらから彼のほうに身を寄せると、その耳元で囁くようにこう言ったの。

「ごめんなさい、ワタシ、病気なの。心が乱れると無意識のうちに万引きしちゃってて……自分では止めようがなくて……」

「……えっ？」目をまん丸にして驚く彼。続けてワタシは言う。
「でも、やっちゃったものは償いをしないとね。ワタシのこと、好きにしてもらって
いいから……お願い、許して……」
そして同時に、着ていたブラウスの胸元のボタンを外し、紫色のブラに包まれた豊
満な乳房の谷間をチラ見せさせながら、ズボンの上から彼の股間にタッチ！　さすさ
すと撫で回してあげちゃった。
「え、ええっ！　……そ、そんなの、こ、困ります、奥さん、やめてくださ……」
とか言いながら、私の手に伝わってくるのは、見る見る硬く大きくなってくる彼の
股間の明らかな存在感。こりゃ相当なボリュームだわ！
その反応で間違いなく彼を丸め込めると確信したワタシは、さらに押しまくる！
「じゃあ、じゃあ、とりあえずコレ、しゃぶらせて？　それでいいなって思ったらさ
らにエッチした上でワタシを無罪放免、ダメだったら警察に突き出してもらっていい
から……ね？　悪くない話でしょ？」
ズボンの上からデカブツを揉み込みながら懐柔しようとするワタシに、とうとう彼
がガクッとうなだれるようにうなずいたわ。
「わ、わかりました……じゃあ、裏手の従業員用トイレに行きましょう。そこで

……」

「ええ、いいわよ。たっぷりしゃぶってあげる！」

ワタシが言うと、彼はその素敵な市原◯人顔を微妙に歪ませながら、ワタシの手を引いてスーパーの奥へと連れてったわ。

そしてトイレに誰もいないことを確かめてから、ワタシと彼は中の個室の一つへ。ワタシはドアに背をもたれさせる格好で彼を立たせると、自分は蓋を閉めた便座の上に腰を下ろし、ズボンのチャックを下ろして彼のモノを咥え込んでペロペロ、レロレロ、チュパチュパ。その刺激でますますソレは巨大に怒張し、竿の表面に浮き出した太い血管は今にも破裂せんばかりの激しい脈動で。

「……あっ、ああ……ん、んんっ……ふあぁっ……！」

「ハァ、ハァ、ハァ……どう、ワタシのおしゃぶり？　よくない？　もしよかったら、本番エッチはこの何倍も感じさせてあげるわよ……さあ、どうする？」

「んく……あ、ああ……も、もっとエッチ……したいです……」

フェラの快感に身悶えてた彼は、さらなる快感を欲して遂に完落ちし、一旦トイレから出ると、さらにこの奥にあるという従業員用休憩室へとワタシを連れてった。四畳半ほどの広さのそこには、小さな冷蔵庫が一つと長ソファが二脚置かれていて、ワタシはそこに彼を仰向けに横にならせたわ。

　彼が言うには、その時間帯は休憩室に誰も来ないということで、ワタシは安心して大胆になるべく、全裸になって下半身だけ裸に剝いた彼の上にまたがってやったわ。

　そして未だにギンギンにいきり立っている巨大なモノの上にヌブヌブと腰を沈め、ソレを奥までグイグイ呑み込んでいって……！

「ああっ、す、すごい！　あなたのオチン◯ン、すっごい固くてワタシの奥の奥まで当たってる！　き、気持ちいいっ……！」

「あ、ああ……お、俺のも気持ちよすぎてとろけちゃいそうだ……くうっ！」

　そうやってしばらく騎乗位で交わったあと、今度は私が四つん這いになって手をつき、バックから彼を迎え入れる格好になった。彼は私のカラダが壊れんばかりの勢いで荒々しく突きまくってきて、ソレがあんまりイイものだから、ワタシは二回ほど軽く失神しちゃったほど。

　最後、彼はワタシの腰骨の辺りに向けて大量のザーメンを膣外射精し、ワタシも久方ぶりの極上オーガズムを味わえて、もう大満足！

　もちろん、ワタシが罪に問われることはなく、それどころか彼から、また会ってくれないかって言われちゃった。

■まだ恥毛の茂みも薄い私のソコに、父のパンパンに張り詰めた亀頭が……

母亡きあと、まだ青い肉体で父の欲望を注ぎ込まれた私

投稿者 夏目雪乃（仮名）／27歳／銀行員

今日は、私の人生最悪の出来事であると同時に、生涯決して忘れえぬ悦楽の想い出について書かせていただきます。

私の母が三十二歳の若さで突如この世を去ったのは、私がまだ十二歳のときでした。交通事故でした。とてもやさしくて、そして美しい母でした。

当時私は小六で、もちろん最愛の母を喪った悲しみはとてつもなく大きなものでしたが、私以上に痛手を受けたのは父でした。父はそのとき三十四歳でしたが、母との馴れ初めを聞くに、まだ若すぎると双方の親から結婚を許してもらえず、父が二十二歳、母が二十歳のときに駆け落ちして一緒になったという、とても情熱的なものだったようです。その後すぐ生まれた私を育てながら、二人とも一生懸命働いて暮らしを安定させていき、とうとうあれだけ結婚に反対した親たちにも、自分たちのことを認めさせたといいます。

そんな、夫婦二人三脚で幾多の苦労を共にしてきた二人ですから、そのかけがえのない人生のパートナーを突然喪った悲しみと喪失感たるや、私など想像も及ばない悲壮なものだったと思います。

忌引きが明け、私は学校に通い始めましたが、父はまだ立ち直れず家に引きこもったまま……ようやく勤めに行けるようになったのは、それから一週間後のことでした。

父は、「もう大丈夫だから。心配かけたな」と、極力普通にふるまってはいましたが、母が亡くなる前と比べると、明らかに拭い難い重い空気をその身にまとうようになったと、私には感じられました。

それから二年が経ち、私は十四歳になりました。その前年に初潮を迎えたのを境に、自分でも見る見る肉体が発育し、子供から女へと変わっていくのがわかりました。そしてそれと同時に、鏡を見ながら自分が日増しに亡き母に似ていくのを自覚し、えも言われぬ喜びを感じるようになりました。

あの大好きだったきれいなお母さんに、私もどんどん近づいているんだって。

でもまさかその喜びが、私をあんな罪深き地獄の底に叩き落とすなんて……⁉

その日、私はダンス部の練習を終え、夕方六時すぎに中学から帰ってきました。父が仕事の関係で遅くなることはあらかじめ聞いていたので、シャワーを浴びて練習の汗を流した私は、買ってきたハンバーガーとポテトで一人の夕食を終えると、その日の授業の復習をした後ベッドへ。寝っ転がってユーチューブの動画をあれこれ見てるうちにウトウトしてきて、いつの間にか眠ってしまっていました。

それからどのくらいの時間が経ったでしょう？

「う～ん……」と言いながら寝返りをうとうとした私は、体の上に何かどっしりとした重みを感じ、身動きすることができませんでした。「えっ、なに⁉」慌てて目を開け状況を確認した私は、衝撃のあまり息を呑んでいました。

なんと私の上に覆いかぶさっていたのは父で、何やら聞き取りにくい声でブツブツと口走りながら、私の体中をまさぐり回していたんです。

最初は悪い冗談かと思い、

「ちょっとお父さん、何やってるのよ⁉　ふざけないでよ、もう！」

と、少し半笑い気味に軽くたしなめようとしたのですが、まったくそれが伝わっている様子はなく、相変わらず父はまさぐる手を止めず、ブツブツ言っているだけです。

一体何を言ってるの？　耳をすませてよくよく聞いてみると……？

「ああ、春美……おまえとこうやって愛し合うなんて、一体いつ以来のことだろうなあ……寂しかったか？　俺もいろいろ忙しすぎてごめんな。今日は今までの分も合わせてたっぷり可愛がってやるからな」

酒臭い息を吐き出しながらそう言う父は、明らかに酔っぱらって朦朧としていて、私のことを死んだ母だと思い込んでいるようでした。

「ああ、可愛いよ……好きだよ、春美……おまえはこうされるのが好きだったよな？」

父の手が私のTシャツを胸上までまくり上げ、剝き出しになった乳首をかなり強い力でギュウギュウとねじり上げてきました。

「きゃっ、痛いっ！　痛いったら！　やめてよお父さん！」

あまりの激痛に、私は慌てて本気の拒絶モードで、父の行為をやめさせようとしましたが、父ときたら嬉しそうに笑みさえ浮かべながら、

「何言ってるんだ？　いつもはあんなにヒィヒィ言ってヨがるくせに……カッコつけずに素直に悦べばいいんだぞ？　なあ、ヘンタイ女さん！」

などと言い、さらにきつく私の乳首をねじり込んできます。

私はその痛みにますます身悶えしながら、なんだか無性にいたたまれない気持ちに苛まれていました。

お母さんてば、ほんとはこういうのを悦ぶマゾ女だったの？　あの上品で、いつも明るくやさしく接してくれる、ステキな人柄とは裏腹に……！

泥酔したお父さんだからこそ他意なく、お母さんとの思い出の中でごく自然にふるまって……ピュアに愛そうとしているように思えてならなかったんです。

でも、私はお母さんじゃありません。

酔って錯綜したお父さんに犯されるわけにはいかないし、いわんや、私はお母さんみたいにマゾの変態じゃないんだから！

と、必死で抵抗しようとするのですが、この当時まだ三十六歳という若さの父は頑健で体力も充実していて、とても私の力では太刀打ちできません。なすすべなくそのまま身ぐるみ剝がされ、素っ裸にされてしまったんです。

住宅街のど真ん中にある小さな一軒家なので、大声で叫べば近所の誰かが助けに来てくれたかもしれませんが、その気にはなれませんでした。だってこんな父のことを誰にも知られたくはなかったから……。

「ああ、春美ぃ……」

父は私の胸にむしゃぶりつくと、ズパズパと、今度はものすごい勢いで乳首を吸い立ててきました。乳首を引っこ抜かれそうなその苦痛に悶え喘ぐ私でしたが、信じられないことに、そのうちその苦痛が甘美な痺れに変わってきました。

えっ……なんで？　私、すごく痛いのに、気持ちよくなってきてる……？

とまどう私におかまいなく、今度は乳首に歯を立ててくる父。まるで噛みちぎられそうな激痛に悲鳴をあげつつも、同時に私はさっき以上の官能を感じてしまいます。

「……んあっ、はぁ、あふぅ……お、お父さん……んはっ！」

「はぁ、はぁ、はぁ……何言ってるんだ、春美？　俺はおまえの夫で、お父さんなんかじゃないぞ！　ほら、おまえがもし俺の娘だったら、こんなに興奮するわけがないだろうが！」

そう言ってズボンを脱いだ父の股間は、恐ろしいほど巨大に怒張していました。たしか小三ぐらいまで一緒にお風呂に入ったときに見ていた、股間にだらんとぶら下がったちょっとユーモラスな印象の記憶の中のモノとは、まるで別物でした。

「あ、ああ、やめてお父さん……そ、それだけはっ……！」

「だからお父さんじゃないって！　は、春美ぃっ……！」

強引に開かれた両脚の中心にある、まだ恥毛の茂みも薄い私のソコに、父のパンパンに張り詰めた亀頭が押し当てられ、しばしワレメに沿って動かされました。双方の淫猥な摩擦がイケナイ心地よさを醸し出し、互いが分泌させた粘液が混ざり合いながら、ヌルヌルと股間を濡らしていきます。

「ああ、春美ぃ……もう俺、たまらないよお……チン〇ン、入れるぞおっ！　ゴムなしだけどいいよな？　そろそろ雪乃に兄弟つくってやらないとかわいそうだしな」

「あ、はぁ……あん……だ、だめだよ、お父さぁん！」

　私の最後の抵抗の声もむなしく、剝き身でズプリと押し入ってきた父のペニスは、破瓜《はか》の激痛を伴いながら濡れ乱れた肉穴の中を激しく蹂躙し、私に抗いようのない快楽を注ぎ込んできました。さっきさんざんサディスティックに乳首を責め立てられた淫靡な余韻が、より効果的なスパイスとなって、私のエクスタシーを掻き回してくるようです。そして……、

「あっ、ああ……ひぃ、ひっ……イッ、イッちゃう～～～っ！」

　私は実の父に犯され、処女喪失すると同時に、初めてとは思えぬほど快美なオーガズムを味わってしまったのでした。ただし驚いたことに、よくも悪くも父はこのことを何一つ覚えてはいませんでした。

　やはり私も母のマゾ変態の血を受け継いでいたのでしょうか？

　この日の出来事は私にとって、忘れたくても忘れられない、まるで天国と地獄がせめぎ合うような記憶となって心身に刻み込まれたのでした。

■マシュマロのように柔らかく弾力のある丸い肉感が、おれの胸板に押しつけられ……

若くかわいい豊満な義妹から処女をもらってと迫られて

投稿者　鷲津俊彦（仮名）／30歳／飲食店勤務

その日、おれは遅番で、昼少し前に起きてザッとシャワーを浴びて目覚ましすると、妻の理沙が作っておいてくれたおかずをレンチンして、朝昼兼用の食事をとっていた。理沙は今、近所のネジ工場へパート勤めに出ている。

今日のホールは坂田さんと久美ちゃんか……まあ、安定のメンバーだな。

夕方から出勤する居酒屋の今日のシフトを思い出しながら食い終え、ぷはーっと食後の一服をふかす。

そのとき、玄関ドアのピンポンが鳴った。

「よっこらせ」

おれは重い腰を上げて玄関まで行き、覗き穴から外を窺った。

そこにいたのは、理沙の妹の環奈ちゃん（二十歳）だった。

いつも同様、発育のいいそのボディを、黄色いタンクトップに前を開けたダンガリーシャツ、そして超ミニスカートという、こっちのほうが恥ずかしくなってしまうくらいのムチムチ軽装（？）で包み、ドア前にたたずんでいる。

どう考えても、こんな安普請の2Kアパートの軒先にいては悪目立ちしてしまう存在だ。おれは急いでドアを開けると、彼女を室内に招き入れた。

「どうしたの、環奈ちゃん？　いきなりやってくるなんて？　理沙に何か用？」

おれがコップにウーロン茶を注いで渡しながら訊ねると、彼女は言った。

「ううん、別に。ただなんとなく、今の時間帯だったら、ここにはお義兄さんだけかなーって思って。迷惑だった？」

あまり質問の答えにはなっていない返答だったが、おれは、

「いや、迷惑なんてことはないけど……」

と言い、自分のコップのウーロン茶をゴクリと飲んだ。

やっぱりいつ見てもかわいい。そしてエロい。

高校を出たあと、進学するでも、就職するでもなく、実家住まいでフリーター暮らしをしている義妹の彼女は、吉岡○帆のような愛くるしくも色っぽい顔に、グラビアアイドル並みの生つばボディがまぶしい、イケてる女の子だったが、今ひとつ何を考えているかわからない雰囲気がある不思議ちゃん。おれは十才も年上の義兄でありな

がら、彼女がそばにいると、いつも無性にドギマギしてしまうのだ。

ただ何となく来ただけという彼女に対して、かける言葉も特別思い浮かばず、室内にぎこちない空気が流れる中、おもむろに彼女が口を開いた。

「お義兄さん……あたしの内緒のこと、話してもいい？」

「うん？　内緒？　ああ、まあいいけど……なに？」

おれがそう問い返すと、彼女は驚きの言葉を口にした。

「あのね、あたし実は、こんないい歳して、ヴァージンなの」

思わず飲んでいたウーロン茶を噴き出しそうになる、おれ。

「あ、ああ、そ、そうなんだ……それは意外だね……ふーん……」

こんなの、いったい何て応えればいいんだ、おい？

困惑とまどいまみれのおれの横で、じわりと距離を詰めてくる環奈ちゃん。

「それでね……今日はただなんとなく来たっていうのは、ほんとはウソで……お義兄さんにわたしのヴァージンをもらってほしいと思ってきたんだ」
マ、マ、マ……マジですか⁉　姉ムコのおれに処女を奪ってほしいって？
そんなにかわいいあなたの……？

その発言がにわかには信じがたく、どえらい動揺するおれだったが、彼女は今ややたらピュアでまっすぐな視線で、さらにおれににじり寄ってきている。

「ねえ、だめ？　わたしのヴァージンなんて魅力ない？」

などと瞳を潤ませて、おれの短パンから伸びた素肌の太腿に手なんぞ置いて。

「み、魅力がないとかそういうことじゃなくて……だって、おれは環奈ちゃんの姉の理沙のダンナで、従っておれと環奈ちゃんは義理とはいえ兄妹で……そ、それっていいのかなって……」

「だって血はつながってないじゃん！　平気よ、そんなの！」

しどろもどろのおれに対してそう一刀両断すると、環奈ちゃんはガバッとおれに抱き着いてきた。マシュマロのように柔らかく弾力のある丸い肉感が、ムギュッとおれの薄い胸板に押しつけられる。うわっ、たまらん感触！　そしてそのままおれを床に押し倒し、上から覆いかぶさるとブチュッとキスしてきて。

ペロペロとおれの顔中を舐め回し、舌をからめて吸いむさぼりながら、体をくねらせてグニュグニュと胸を押しつけてくるものだから、もうこんなの勃起するなというほうがムリ！　おれはギンギンに反応してしまってた。

するとそれに気づいた環奈ちゃんが、すかさずおれの短パンを下着ごと脱がすと、ニョキッと立ち上がったペニスを摑み、シュコシュコとしごいてきた。

「あ〜ん、お義兄さーん、すごいかたーい！　おっきーい！」

「……う、うあっ……か、環奈ちゃん、そんなにされたら……あうっ！」

何とか身をもぎ離し、危機一髪で射精のピンチを逃れたおれだったが、さすがにもう覚悟を決めていた。彼女がここまで必死に向かってきてくれてるんだ。おれも兄妹がどうだとか逃げてないで、真正面から男として受け止めてやろうじゃないの！

「か、環奈ちゃん……！」

おれはそう叫んで彼女に飛びつくと、身ぐるみ剝いでそのフレッシュ&豊満な裸体をあらわにし、乳房を揉み立て舐め回しながら乳首を吸いしゃぶって、

「んあっ、ああっ……感じるぅ、お義兄さぁぁぁーん……！」

という悩ましく悶える喘ぎ声をしばし堪能したあと、そのターゲットを徐々に下半身へと移していった。そして両脚を大きく広げさせ、その中心でパックリと口を開いて濡れ乱れたヒダヒダにむしゃぶりつくと、溢れ出す甘い愛液を啜り上げてあげる。

「あっあっあぁぁ……すごぉい！　とってもいいのぉぉ〜〜〜っ！」

ますます盛り上がった彼女がシックスナインを求めてきたので、おれは上半身も脱いで彼女と同じく素っ裸になって、それに応えてあげた。

チュパチュパ、ジュルジュル、レロレロ、チュウチュウ……お互いの性器を舐めし

ゃぶり、吸い啜って、ドロドロに粘液まみれになりながら愛し合って……。

「あ、あぁん……も、もうダメッ！　お義兄さんのオチン○ン、あたしのオマ○コに入れてっ……こんなうっとおしい処女膜、突き破ってぇーっ！」

「……ああ、環奈ちゃんっ……いくよ！」

おれはコンドームを着けることすら忘れ、限界ギリギリまで固く膨張したペニスをナマで彼女の中に突っ込むと、無我夢中で腰を突き動かしてピストン攻撃を繰り広げた。激しく抜き差しするたびに、処女ならではのキツイ締め付けが、たまらない快感となっておれの性感を貫いてくる。

「……くうっ、ううっ、んぐ……はっ、はっ、はっ……！」

「ああっ、痛ぅ……んぐふっ、痛いよう……きゃっ！　……あ、ああ……あん、あはぁ……お、お義兄さん……もっと、もっと奥までぇっ……！」

一瞬、ロストヴァージンの苦痛に喘いだ彼女だったが、ほどなくそれは甘い陶酔に呑み込まれていき……一変して激しく貪欲に求め、イキ果てた。もちろんおれも、たまらず彼女の胎内に精をほとばしらせていた。

帰り際、彼女の爽やかな笑顔がひたすらまぶしかった。

■ウネウネとうねる、男性器状のいわゆる大人のオモチャを手にした彼女は……

片想いの彼からの思わぬ告白は嫉妬にまみれた罠だった！

投稿者 天野さやか（仮名）／25歳／管理栄養士

アタシ、高校時代に仲のよかった友だち四人と今でも付き合いがあって、たまに会ってては飲んだり、遊んだりするんだけど、その中の一人・健介に、ずーっと片想いしてるんです。彼はとにかくかっこよくて、やさしくて、もうほんとに大好きで……でも、あんなに素敵な彼に付き合ってる相手がいないわけはなく……結局、アタシは無残に振られるのがイヤで、何年も告白できないまま現在に至ってるんです。

ところがある日、思いもよらないことが！

健介からスマホに連絡があったんですけど、突然で悪いけど、今晩会えないかって。私はその日、ちょうど管理栄養士として勤めてる病院が非番で休みだったのもあって、うん、いいよって二つ返事で答えていました。

彼がアタシとサシで会いたいと言ってくるなんて、初めてのことです。アタシは「まさかね……」と思いながらも、万に一つの逆告白への期待に、高鳴る胸を抑えつけることができませんでした。

そしてその日の夜九時すぎ、アタシは一人住まいの彼の部屋を訪ねました。これまで、仲良しグループの中の誰かしらが一緒での訪問は何度かありましたが、アタシ一人だけが彼の部屋へ行くなんて……これも初めてのことで、いやが上にもテンションは爆上がりしてしまうというものです。

果たして……奇跡は起こってしまいました。

健介はアタシをギュッと抱きしめると、「ほんとはずっと好きだった！」と言い、そのまま唇に熱いキスをしてきたんです。
マ、マジかあぁぁぁーーーーーーーーーーーっ！
にわかには信じられなかったけど、現に今、彼の舌はアタシの口の中にあって、口内じゅうをレロレロと舐め回しつつ、アタシの舌にからみつかせると、ジュルジュルと唾液を妖しく吸い上げてる……どう考えても現実でした。

そうやってさんざんアタシの脳髄を痺れとろけさせたあと、彼はまっすぐにアタシの目を見つめながら問いかけてきました。

「さやかはどう？　俺のことどう思ってる？　恋人同士として付き合ってくれる？」

いやそんな、どうもこうもありませんって！

喜んでお付き合いさせていただきますともっ！

「よかった。嬉しいよ」

彼は心底ホッとしたような笑みを浮かべながらそう言い、続いて善は急げとばかりにアタシの服に手をかけて脱がし始めました。もちろん、長年の想いが成就したアタシとしても望むところ。彼に脱がされながら、同時にこっちも彼のジーンズのベルトに手をかけ、カチャカチャと外して……ジーンズが足首のところまでストンと落ちると、目の前には股間をモッコリと膨らませた彼のショーツがあって、アタシは思わずゴクリと生唾を飲んでしまいました。

そしてとうとう、彼もアタシも全裸になりました。

ああ、いよいよ大好きな健介と一つになれる……改めて彼と抱きしめ合うべく身を寄せたアタシでしたが、ここで彼が意外なことを言ってきて。

「あのさ、俺の好きなようにさせてもらっても、いいかな？」

え？　好きなように？　それってどんなこと？

もとより彼が望むことを拒むつもりなど、さらさらありませんでしたが、続いて彼がとった行動には、さすがにちょっとびっくりしちゃいました。

彼は私の両腕を後ろ手にヒモで縛り上げたうえに、ベッドの下から軽く全長一二〇センチ以上はありそうな物干し棹っぽい棒を取り出してくると、それを使って大きく左右に開かせたアタシの両脚を器用に固定しちゃったんです。いつか見たことのあるSM画像のようにいやらしく、アタシのヒミツの恥部がこれ見よがしに前方に突き出すような格好で。

「……えっ？　え？　えっ？　な、なんでこんな……け、健介っ⁉」

さすがに動揺し、その異常性を訴えようとしたアタシでしたが、時すでに遅し。

いきなり部屋のドアが開き、闖入してくる誰かが……！

な、なんと仲良しグループの中の一人・麻美でした。

「あ、麻美ぃっ⁉　な、なんであんたがここに……っ？」

ヴーンと振動し、ウネウネとうねる、男性器状のいわゆる大人のオモチャを手にした彼女は、なんだか勝ち誇ったような顔で言いました。

「あんた、あたしのカレシの英明にちょっかい出そうとしたでしょ？　こないだの飲み会のとき、英明の隣りで手ぇ握ってたよね？　あたし、見てたんだからね！」

はっきり言ってそのとき、相当酔っぱらっていたアタシは、麻美にそう言われてもさっぱり覚えがありませんでした。「した」とも「しない」とも自信を持って断言できないのが悩ましいところです。

でも、とりあえず否定しとかないと。

「あ、麻美、そんなの誤解だよ！　アタシ、英明くんにそんなことしてないって！　信じてよ、ねえってばあ！」

でも、まったく聞く耳持たない様子の麻美は、例の大人のオモチャを手に、歪んだ笑みを浮かべながら近づいてきて、言いました。

「あたし、この目で見たんだから、どんな言い逃れしようとしたってムダよ。あんたみたいな性悪女は、カラダに痛い目見せてやらないとわからないのよ！」

「ちょっ……麻美、や、やめてーーーーーーーーっ！」

彼女は大人のオモチャの先端部分をアタシの恥丘のワレメに突き刺すと、それをグリングリン回転させながら、奥のほうにねじ込んできました。

「あ、ああっ……いやっ！　やめて……やめてったら、麻美ぃっ！」

「誰がやめるもんですか！　ほら健介、あんたはチ◯ポをこの女の口に咥えさせて、バイブとの恥ずかしい二本差しされてる姿を、スマホで撮影してやって！」

麻美がアタシを憎むのは、ある意味スジが通っているとして、なぜ健介がこんな形でこの仕置きプレイに協力しているのか……？　理解に苦しむアタシでしたが、あとで聞くと彼はパチンコ依存で負けが込み、麻美にかなりの借金をしているという話でした。なるほど……で、アタシに罠を仕掛けるよう麻美に強制されたってわけです。

とにかく誤解とはいえ、そのときアタシは聞く耳持たない麻美の策略にまんまとハメられ、健介のペニスをしゃぶりながら、麻美にバイブでアソコをえぐられるという痴態を、スマホで撮影される仕打ちに甘んじるしかありませんでした。

なんて耐え難く、苦悶に満ちた処遇……。

と、普通なら恥辱のあまり死にたくなるような地獄の局面であるはずなのに、そのときのアタシはといえば、まったく違いました。

興奮して、気持ちよくて、もうどうしようもなかったんです。

嫉妬の怒りに駆られて大人のオモチャで肉びらをえぐってくる麻美に、これでもかと感じさせられ、男の生理で仕方なくとはいえビンビンに勃起した健介のペニスを無我夢中でしゃぶって恍惚として……アタシは自分でも信じられないほどのハイテンションなエクスタシーの中で、何度も何度もイッてしまっていました。しまいには、麻美も健介もあきれ果ててしまったくらいです。

とにかくこれで、どこに出されてもマズイ画像を押さえられてしまったアタシ……麻美と健介との歪んだトライアングル関係は、この先も続いていきそうです。

第四章

淫蕩！

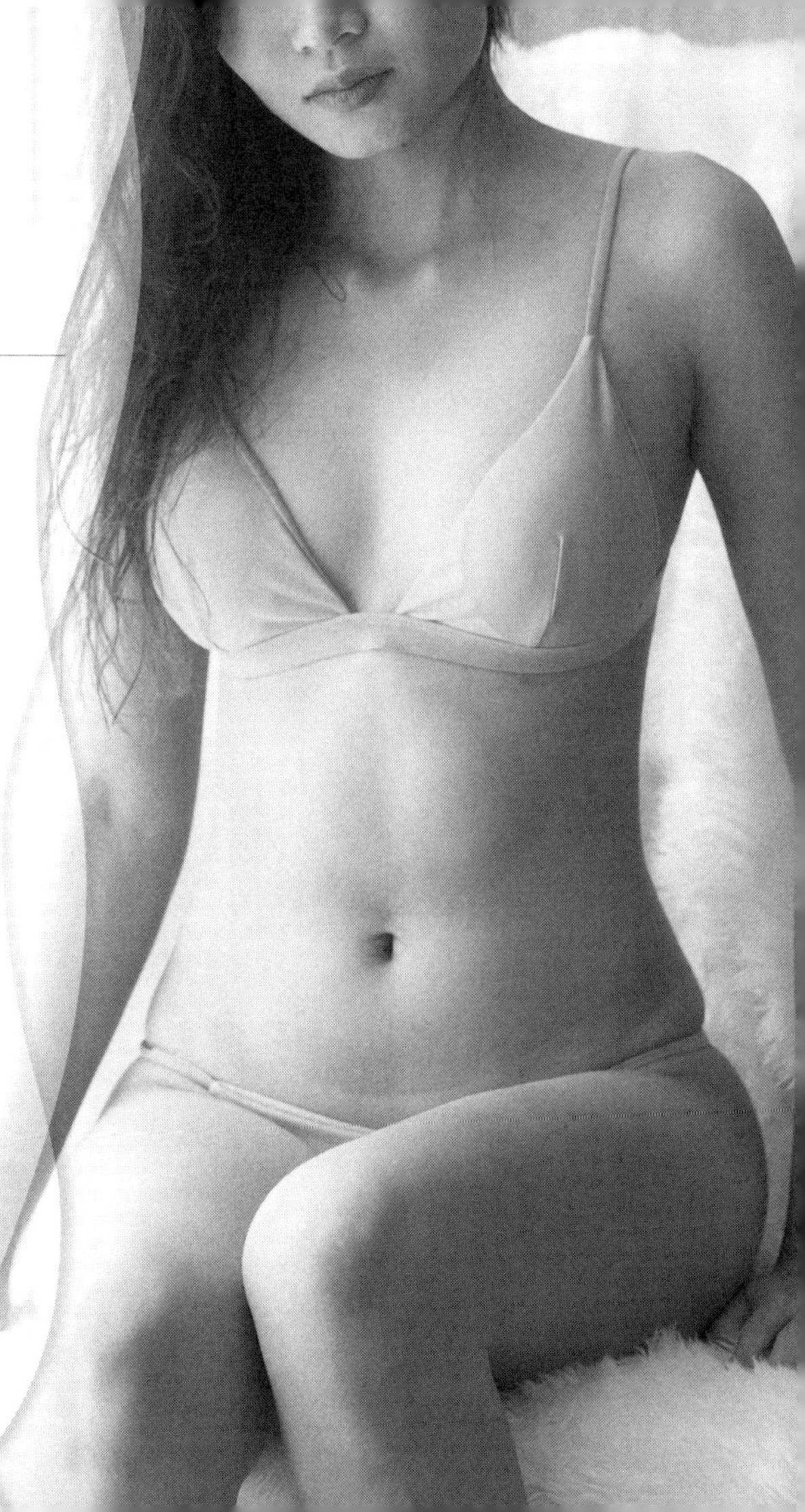

■マ○コを易々と貫いた肉塊は、あたしの胎内深く、奥へ奥へと侵入して……

カレシの借金のおかげで理想のチ○ポに出会っちゃった!?

投稿者 新山あかり（仮名）／26歳／美容師

あたし、ギタリストでプロのミュージシャン志望の賢人っていうチャラ系イケメンと付き合ってるんだけど、ついこの間、とんでもない頼みごとをされちゃいました。

彼の高校時代からの腐れ縁の友人で、涼吾っていう親がけっこうなお金持ちの人がいるらしいんだけど、どうやらその彼にかなりの借金があるらしくて、いよいよ返済期限が迫ってきたっていうのね。その額なんと百万円！　これまでもう三回も返済期限を延ばしてもらってきたから、さすがにもう払わないわけにはいかないって……でも、どう考えたってミュージシャン志望のしがないバイト暮らしに、そんな額をまとめて返せるわけもなく、あたしに泣きついてきたわけ。

そんなお金、あたしだってないよ！　って、けんもほろろに門前払いしようとしたら、賢人のヤツ、何て言ったと思います？

「頼む！　一回でいいからヤツに抱かれてやってくれ！　そしたら返済期限をさらに

延ばしてくれる上に、額を二割引きしてくれるっていうんだ」

ですって。

あたしはあきれながらも、

「でも彼、あたしのことなんて知らないでしょ？　もしも彼の好みじゃなかったら、そもそも成立しない話なんじゃないの？」

ってツッコむと、賢人は妙に自信満々にこう言ったの。

「そこは大丈夫！　実はアイツ、女を選り好みできないある事情があって、相手がたとえあかりでも全然オッケーなわけ！」

何なんでしょうね、この複雑な気分……百歩譲って、熱心に乞われて抱かれるんならまだしも、そんな、女なら誰でもいいような言われようするなんて……納得できないあたしはさらにしつこく食い下がって、彼・涼吾くんに関する情報を賢人に問い質したの。そしたら、とうとう根負けして白状した詳しい事情を聞いて、あたし、マジびっくりしちゃった………。

ま、でも結局、こんな情けない男だけど、賢人のことが大好きなあたしは、彼の頼みを呑んで、涼吾くんに抱かれてあげることにしたんです。

約束の日、あたしは賢人に教えられた住所を頼りに、涼吾くんが一人で住む、かなり広くて高級な2DKのマンションを訪ねました。おまけに新築らしくピカピカです。やっぱ金持ちは違うな〜って感じでした。

「こんにちは」

「あ、どうも」

ついに初めて顔を合わせた涼吾くんは、小太りでオタクっぽい感じの、はっきり言って冴えない男でした。こりゃ女なら誰でもいいって感じ、わかるわ〜……と思いつつ、でも問題はそこじゃないという現実を、あたしは思い返しました。

そうだわ、彼が女に不自由しているほんとの理由、それは……！

いよいよベッドの上でお互いに全裸で向き合ったとき、あたしはとうとうその圧倒的衝撃を眼前に突きつけられたんです。

それは、涼吾くんの日本人離れしすぎた……超巨チン！

まだダランとした平常時でも相当な大きさだったけど、さらにあたしの裸体を見て反応し、ムクムクと膨張したソレは、長さ二十センチ超&直径四〜五センチというとんでもない代物で、驚きの余り、あたしはマジで開いた口がふさがりませんでした。

そして再び、賢人の話を思い出していて……。

『ほんと、チ〇ポなんて大きけりゃいいってもんじゃないんだな。ヤツが付き合った相手みんな、あまりの大きさに「そんなの入れられたらアソコが裂けちゃう！」って言って恐れをなしちゃって……なんと、未だに童貞なんだぜ！』

『それに引きかえ、あかり、おまえいつもオレとのエッチのとき、今イチ不満そうだったじゃん？　あれってオレのチ○ポだと頼りなかったからだろ？　でもオレ、自分で言うのもなんだけど、まあまあな大きさだよな？　ってことは、あかり……おまえのマ○コ、けっこうユルユル……って、イテェッ！　殴ることないだろ！』

と、思わず賢人の失礼な物言いにビンタしちゃったあたしだけど、ほんとは図星だったんです。これまで賢人も含めて五人の相手とエッチありの付き合いをしてきたけど、未だに相手のチ○ポで子宮も弾けんほどの満タン感を味わったことがなくて……そしてそれは言い替えると、一度も絶頂を味わったことがないってことで……。

そんなわけで、あたしが受けた衝撃とは不安や恐怖からではなく、実はこの涼吾くん（のチ○ポ）なら、ついに自分をイカしてくれるんではないかという期待と興奮ゆえだったりしたわけで……テヘペロ！

そう思うと、彼の八割がた勃起した、それでも見事すぎる巨チンを見ているだけで、あたしのマ○コはヒクヒクと反応し、いやらしい湿り気を帯びて潤み始めていっちゃうのでした。

（ああ、アレがもうすぐあたしのマ○コに入ってくる……！　これまでユルユルとかガバガバとかさんざん言われてきたココを、ついにミッチリ埋めてくれる……）

あたしは熱に浮かされたように高揚しながら、ベッドの上で仁王立ちしている涼吾くんの前にひざまずきました。そして巨大な竿に負けず劣らずたっぷりとした立派なタマ袋をさんざん舐め回し、コロコロと口内で含み転がして……その刺激でいよいよ完全フルサイズに勃起した巨チンを、根元からしゃぶり上げていきました。

「あ、ああ……気持ちいい……」

あたしの舌戯の快感にうめきつつ、彼は両手を下に伸ばしてあたしの左右の乳首をいじくり、こね回してきて……ああ、たまらない……まるで巨チン自体にオッパイを責められてるみたいだわ……って、オイ、チ○ポに夢中のあまり、相手の顔なんてどーでもいーんかい！　とツッコまれても返す言葉がないくらい、巨チンで頭がいっぱいいっぱいの状態です。

高まる一方の快感で立っていられなくなったのか、涼吾くんはベッドの上に仰向けに寝そべったので、あたしがさらに体勢を変えてしゃぶり続けようとしたら、彼はそれを止めて言いました。

「もう……オマ○コに入れたくて入れたくてたまらない……お願いだから、上から俺のを呑み込んでっ……！」

女体への生まれて初めての挿入を熱望し、もう辛抱たまらない彼から騎乗位での合体を求められたあたしは、思わずゴクリとツバを飲み下しました。あたしとしてもかつてないビッグサイズを夢見ていたとはいえ、いざ実際にこれまで見たこともないような巨チンを自分のマ○コに迎え入れるとなると、やはり未知の恐怖を感じざるを得ませんでした。

（大丈夫かな……本当に入るかな……まじマ○コ裂けちゃわないかな……？）

もはや一か八かの賭けです。

マ○コ自体はもう十分すぎるほど濡れていて、これ以上ないほどの受け入れオッケー状態です。もういくしかないでしょう。

彼の上にまたがったあたしは意を決し、限界いっぱいの全長二十五センチ近くまで巨大化したチ○ポの根元を支え直立させると（ほんとはこれだけで重くてグラグラして大変でした！）、ゆっくりと腰を沈めながら、パンパンに膨れ上がった亀頭の先端からズプッ、ヌプヌプ、ズズズズ……と、濡れ濡れの柔肉の中に呑み込んでいきました。太さが四、五センチというのは、これまでにも経験があったのでまだよかったんだけど、さすがに長さが二十五センチというのは未知の領域……！

マ○コを易々と貫いた肉塊は、あたしの胎内深く、奥へ奥へと侵入してくるのだけど、うわぁ、いつまで経っても掘削を止めない！　膣道をズンズン掘り進んだ肉ドリルはついに子宮に達し（あくまであたしイメージですよ）、さらにはそれを突き破らんばかりの勢いで暴れまくって……！

「す、すごっ！　あたしの中がチ○ポでパンパンに満たされてる！
キ、キモチいいっ！　たまんなーーーーい！
「ああっ、はぁっ……ああん、こ、こんなの初めてぇっ！」

「あうう……オ、オレもっ……こ、これがオマ○コかあ……サイコー！　気持ちよすぎるぅぅ～～～～！」

ってかんじで、あいにく巨チンといえども童貞の彼は、その経験不足さゆえか、アッという間に射精してしまい、あたしは残念ながら不完全燃焼だったんだけど、かつてない快感を味わわせてもらったのは間違いなく……この続きをちゃんと全うすべく、カレシの賢人には内緒で涼吾くんと付き合っちゃおうかなって思ってるんです。

巨チンの涼吾くんに出逢わせてくれて、賢人の借金には感謝ってところかな？

■彼も乳房をゆっさゆっさと淫らに揺らし、すごい勢いで腰を振り立てながら……

再会した彼は美しい乳房と立派なペニスを携えていた！

投稿者　佐川穂菜美（仮名）／32歳／パート主婦

パートが休みのとある木曜日。

暖かくてすごくいい天気だったもので、家でじっとしているのもなんだなーって思い、春物の服でも一着買いに行こうかと、バスで二十分ほどのところにある大型ショッピングセンターに向かったんです。

午後一時ぐらいに着いて、中のマ○クでサクッとランチしてから、二時間ほどショップを見て回り、なかなかいいのがあったので（税抜三六○○円のシャツ）ゲット。

さて、じゃあダンナが帰ってくるまでに夕飯の準備もしなきゃいけないからぼちぼち帰るかと、帰りのバス停に向かって歩いていると、

「あれ、穂菜美じゃない？　久しぶりーっ！」

と、声をかけてくる女が一人。私は、

「えっ？　あ、ああ……」

と、一応笑顔を浮かべながら応えようとするんだけど、正直「誰だったっけ?」と相手のことが思い出せなくて……。

それもそのはず。

その女の名前は『田村孝太郎(仮名)』といって、実は私の高校時代のクラスメイト男子で……そう、そのとき目の前にいたのは、その彼の女装した姿だったんです!

しかもかなりキレイでセクシーな。

とりあえず近くのカフェに入り話を聞くと、彼は元々自分の性に対してずっと違和感を感じて苦しんでいたらしいんだけど、高校卒業と同時に自分の本来の性に対して正直に、『女として生きる道』を歩むことを決心。親元を離れ、先々性別適合手術を受けるためにゲイバーで働きながらお金を貯めて、まずは魅力的なオッパイを得るべく乳房形成術を受け、その後、顔貌や声の女性化手術を……というふうに徐々に『女』になってきたのだといいます。ただし、一番肝心な精巣摘出術、陰茎切除術、外陰部形成術、造膣術という、いわゆる男性器を女性器に造り変える手術を受けるためには相当な金額がかかるので、まだお金を貯めてる最中であり、オチン○ンとタマは付いたままなんだって。

「で、今はまた別のお店で働いてるの。よかったら一回遊びに来てよ」

「ふ〜ん、そうだったんだね〜」

あの田村くんが……と、いろいろ感慨深く聞いていた私だったけど、そのあと続いた彼の話に、思わずアイスコーヒーを吹きそうになっちゃいました。

「今だから言うけど……アタシ、あの頃本当は、穂菜美のこと好きだったんだ。いや、自分が男とか女とか関係なく……今でも、好きかな……」

想像だにしない彼の告白にビックリ仰天の私だったけど、同時にムラムラととんでもない考えが頭に浮かんできました。そして一旦浮かぶと、どうにもそれを彼に伝えたくてたまらなくなって……。

「あのさ、田村くん。今から私とエッチしてって言ったら、どうする？」

「えっ……ええっ⁉　こ、こんなアタシと？　それ、マジで言ってる？」

「冗談でこんなこと言えないって！　マジもマジ、大マジよ！」

そう、最近、夫との夫婦生活にマンネリ感を覚え、どうにも欲求不満が溜まっていた私は、田村くんの思わぬ告白もあり、『オチン○ンを持つキレイでセクシーな女』である彼と、無性にエッチしたくてたまらなくなっちゃったんです。

彼はさすがに驚いたようだったけど、かと言って拒絶することはなく、

「正直嬉しいな、穂菜美がそんなことを言ってくれて。今や普通の奥さんだから、も

うアタシなんかと住む世界が違うって思ってたけど……いいよ、エッチしよう！」

と言い、本当に嬉しそうな表情で涙ぐんでくれました。

そのとき時刻は四時半で、夫の夕食の準備のためには六時半までに帰ればいいから……一時間はエッチを愉しむことができそう。そう計算した私はすぐに田村くんと共に近場のホテルに向かい、マッハでチェックインしました。

彼はこのあと夜から仕事ということで、すでにシャワー済み。私だけシャワーしたあと、二人で裸になってベッドに上がりました。

黒髪ロングヘアを艶やかに輝かせた田村くんのカラダは、思わず目を瞠るようなプロポーションで、豊満で形のいい乳房に、きれいなピンク色の乳首が雪のような白肌に映え、なめらかにくびれたウエストと美しいヒップラインの連なりも完璧！　私なんか足元にも及ばない『完成された女体』を誇っていたけど、ただ一箇所、股間から生えたペニスと陰嚢のみが強烈に『男』の存在感を発散していて……美しい女体とのコントラストゆえか、それは余計にオスの凄みを感じさせるようでした。

「ねえ、オチン〇ン、舐めてもいい？」

私が訊ねると、彼は顔を赤らめて、

「うん、穂菜美がイヤじゃないなら……」

と答え、私は彼を仰向けに寝そべらせて、そのペニスを手にとってしゃぶり始めました。するとそれはすぐに反応し、見る見るムクムクと大きくなっていくと、あっという間に雄々しく完全勃起しました。その立派さたるや、優に夫の一・五倍はありそうなド迫力です。

こんなイチモツがゆくゆくは切除されちゃうなんて……私は言いようのないモッタイナイ感を噛み締めながら、ペロペロ、ジュルジュル、チュパチュパと、自慢の口唇愛撫のワザを繰り出していきました。

「……あ、ああっ……穂菜美……いいっ……感じちゃうぅ！」

彼は快感の余り腰をクネクネとくねらせ、それにつられて、寝そべっても形が崩れて横に流れたりしない、美しく完璧な乳房が淫らにうねり揺らめいて。

何だか私は信じられないくらい興奮し、アソコがグチュグチュのドロドロに濡れ乱れてきちゃいました。

「あ、ああっ……田村くん！　私、欲しいの！　田村くんのこの立派なオチン〇ン、早くオマ〇コの中に突っ込んでぇっ！」

たまらず私がそう訴えると、彼はガバッと身を起こし、逆に私のことをベッドに押し倒してきました。そして先端を先走り液で濡らし、ビンビンに硬直したペニスを振りかざしながら、また同時に豊満な乳房を揺らしながら、彼は私の股間を割って襲いかかってきました。

そして柔らかな肉唇をこじ開け、突き入ってくるペニスの圧力に、私は背中を大きくのけ反らせ、喜悦の悲鳴をほとばしらせながら喘いでしまって……！

「あっ、あああん……いいいっ、あふぅ……田村くぅ～～～ん！」

「あくぅ！　穂菜美の中、狭い……締まるぅ……ああん！」

彼も乳房をゆっさゆっさと淫らに揺らし、すごい勢いで腰を振り立てながら、感極まった声をあげています。

やがてクライマックスに達すると、その直前に彼は私の中からペニスを引き抜き、美しい肢体を弓反らせながら、大量の精液を射出しました。そして私も、そのえも言われず妖しく艶めかしい痴態を見やりながら絶頂に達して……。

その後ホテルを出て、笑顔で挨拶を交わしながら別れた私たち。

いつか完璧な女となった田村くんに会ってみたいと思ったのでした。

■体内でまるで薄皮一枚だけで隔てられているような感覚で、二本のチ○ポが……

まさかのアナルも貫かれたナンパ3Pの衝撃エクスタシー

投稿者 氷室苗佳（仮名）／24歳／OL

ついこの間の仕事上がりの金曜の夜、仲のいい同僚の麻央と飲みに行ったんだけど、そのとき、けっこうイケてる二人組のメンズにナンパされて、楽しく飲んで盛り上がって……でも、さあ本番はこれからってときに麻央のスマホが鳴り、彼女、急遽帰らなくちゃならなくなって。麻央、実は去年離婚したシングルマザーで、まだ小さい一人息子を実家のご両親に預けて働いてるんだけど、急にその子の具合が悪くなっちゃったらしいのよね。

「ごめんね、苗佳。そういうことだから、あとは三人で楽しんで！」

って言ってタクシー拾って行っちゃったけど……まあ、メンズ二人のエロい期待に満ち満ちた目の輝きを見れば、このあと、どう考えても三人でホテルにしけこんでの3Pっていう流れが自然よね。

まあ、それも悪くないか。3Pはアタシも初めてじゃないし。

なんて思いながら、麻央を見送ったあと引き続き飲んで、いい時間になってきたなあって思ったら、案の定、メンズの一人が言ってきた。

「ねえねえ、このあと三人で、ホテルでイイことしようよ。必ずセーフは心がけて、迷惑かけないようにするから……ね？」

「……うん、まあ、いいけど」

アタシはほとんど二つ返事でオッケーしてた。

そして時刻は夜中の十一時すぎ、タクシーに乗ったアタシたちは、十分ほど行った先のホテルにチェックイン。プレイルームとして選んだのは、キングサイズのベッドが置かれた広い部屋だった。

まあ、ちゃんとゴムを着けてセーフセックスしてくれるっていう紳士的な態度の彼らだから安心ではあるけど、一方でさっき言ったように3Pエッチ自体はそれなりに経験してるから、ドキドキ感はあんまりなく。

とりあえず、オーソドックスに気持ちよく楽しめればいいかなーって感じ？

ところが、アタシのそんなちょい冷めたような気分は、そのあとほどなく木っ端みじんに粉砕されることになった。

三人ともシャワーを浴びて身ぎれいにして、ハダカになってでっかいベッドの上に上がり、からみ合って愛撫合戦。彼らはアタシのオッパイやアソコ、そしてアナルまで舐め回し、いじくってネチョネチョにして、アタシも彼らの乳首を吸ったり、チ○ポもタマタマもしゃぶってビンビンにしてあげて。

ああ、いい感じで気持ちよくなってきたわあ……さあ、ぼちぼちホンバンが始まる感じかなあ？　どっちの彼から入れてくるのかな？　アタシはその間、入れてないほうの彼のをおしゃぶりすればいいのかな？

うっとりトロトロ気分でそう思ってたら……な、なんと！

一人の彼がこんなことを言いだした。

「はい、それじゃあ、これから浣腸して、お腹の中の余計なもの、ぜんぶ出しちゃいますね～！　はい、大きくお尻を突き出して～」

と、プックリと涙滴形に膨らみ、ゴムっぽい素材でできた容器にノズルが付いたものを手にし、アタシのほうににじり寄ってきて！

「え、え、えっ？　ちょっと何それ？　聞いてないよ！」

と焦るアタシを、ニコニコしながらもう一人の彼が押さえ込み、四つん這いにしてお尻を突き出させる格好にしてきて……！

「大丈夫、大丈夫！　痛いことも苦しいこともないから……だって、アナルやるためには、お腹の中、きれいにしとかなきゃダメでしょ？　ね？」

「ア、アナルゥゥゥウウウ……ッ⁉」

なんで3Pエッチで、アナルやんなきゃいけないのおっ⁉

アタシの頭の中は混乱でグッチャグチャだったけど、まるでそれに答えるかのように、とうとう突き刺した例の容器で、キュイキュイとアタシの体内にヒンヤリ冷たい薬液を注入しながら、彼が言った。

「俺がキミのアナルをいただいて、同時に彼のほうがオマ○コをいただいて……だってオマ○コだけ交代でやってたら、本当の意味での3Pにならないでしょ？」

「そうそう、俺たちの二本のチ○ポが同時にキミを犯してこその3Pでしょ？」

なんてもう一人が呼応しつつ………あっ、きたきた！

アタシのお腹がキュウ、グルグル～～～と変な音を出し始めるや否や、途端に便意が湧き上がってきた！

「ほら、はい、トイレ行って、トイレ！」

「ぜんぶキレイに出して、お腹の中空っぽにするんだよ～～～！」

「は、はい～～～～～っ！」

彼らに急かされるまま、お尻を押さえながらトイレへ走るアタシ。

そして……びっくりするくらい、出ちゃった。

身も心もスッキリするって、こういうことを言うのね……なんかカラダがフワフワするような感じで、キレイに洗浄したあとベッドに戻ると、二人は明るい笑顔で出迎えてくれた。

「はい、お疲れさま」「じゃあ、始めよっか？」

口々にそう言う彼らに促されるままに、アタシは改めてアソコを愛撫してもらい、濡れたアソコで、仰向けになった一人の彼のほうに騎乗位でまたがった。彼の顔のほうを見下ろす格好だ。そしてズブズブとゴムを着けた勃起ペニスをアソコで呑み込んでいき、彼が揺らすリズムに合わせて腰を振っていって。

「……あ、あぁん……あふ、ううん……はぁ、あっ……」

「はい、じゃあ、こっちも始めるよ」

そこへ、もう一人のほうの彼がそう言うと、ヌルヌルとした潤滑クリームのようなものをアタシのアナルの、入口はもちろん、けっこう奥のほうまで塗り込んできた。もうこの時点で、えも言われぬ不思議な感覚。

そして十分に揉みほぐしたあと、「じゃあ、入れるよ」という彼の声が聞こえたと思った瞬間、騎乗位で腰を振るアタシのアナルにメリメリッ！　と熱くて固い異物がめり込んでくる感覚が……！

「あぁっ！　ひあ、ああ……んあぁあぁぁぁっ……！」

アタシはまぎれもなく、自分の中に侵入した二本のチ○ポの存在を感じてた。

下から彼が突き上げ、それを受けてアタシが腰を振り立て、そこに背後からもう一人の彼がピストンしてきて……そんな三者三様の肉の振動が響き合うたびに、アタシの体内でまるで薄皮一枚だけで隔てられているような感覚で、二本のチ○ポが擦れあい、ぶつかり合って……それはもう想像を絶する衝撃と快感で……！

「あ、ああん……ス、スゴッ……ひっ、ひぃぃあぁぁ……！」

「くああっ、すごい締め付け……こりゃたまんねぇっ！」

「ああ、こっちもギュウギュウだ！　俺、もうもたないよぉ！」

そんなことを言い合いながら、三人のエモーションがぜん大きく激しくなっていったと思った、次の瞬間、アタシは未だかつてないほど衝撃的な絶頂に達しながら、その体内で彼ら二人もほぼ同時にイキ果てたのを感じてた。

いやもう、ほんとスゴすぎたなあ……あまりにも気持ちよすぎて、もしまた今度やろうねって言われても、アタシ、引いちゃうかもしんない。

■彼のジュニアのギンギン具合はますます勢いを増し、今にも爆発せんばかり……

浮気カレシへのお仕置きトイレHのはずがまさかの!?

投稿者　三井菜々緒（仮名）／27歳／教師

マジ、アタマにきました。

私、某私立中学で英語の教師をしてて、同僚で数学教師の智久と付き合ってるんですけど、その智久が、ついこの間、産休教師の臨時代理として採用された国語担当の綾香って女と浮気したことを知っちゃったんです。

そ、そりゃたしかにあの綾香って女、私よりまちがいなく巨乳なのは認めるけど、形は私のほうがいいはず！　顔だって私のほうが美人だと思うし……って、考えれば考えるほど、もうムカついてしょうがない！

で、もう別れる！　って言って智久に詰め寄ったら、

「ほんと、ゴメン！　オレ、結婚するなら相手は菜々緒しかいないってマジ思ってるから、あの綾香って女のことも最初は眼中になかったんだ。でも、あんなすごい巨乳で言い寄られたら、つい魔がさしてフラフラと……一回だけ……ヤッちゃって。すま

ん、どうか許してくれっ！」

だって。

まあ、たしかに智久が私との将来を真剣に考えてくれてるのは重々わかってるから、今回のことも、言ってるとおり魔がさしただけなんだろうけど……それにしても、このまま許しちゃうっていうのは、どうにも癪に障るじゃないですか⁉

だから私、智久にお仕置きしてやることにしたんです。

それも、人一倍小心者の彼が泣いてビビっちゃうようなヤツを……。

そこで次の日の昼休み、私は彼にランチを抜いて、とっとと教職員用の男子トイレまで来るよう命じました。もちろん、誰もいないタイミングを見はからってね。

私が少し先に来て、こっそり一番奥の個室トイレの中に隠れて待っていると、昼休み開始五分ほどで智久がやって来ました。キョロキョロと辺りの様子を窺っています。

まさに他の教職員が誰もいないドンピシャのタイミングだったので、私はドアを少し開けて彼を手招きしました。

「えっ、菜々緒、何でそんなとこに……？」

「いいから早くこっち来て！　誰か来ちゃうと困るでしょ？」

智久は慌ててトイレ内を横切って、私が隠れている個室の中に滑り込んできました。

そして大急ぎでドアを閉めて鍵をかけると、

「な、なあ、菜々緒、ここで一体、な、何しようっていうんだよ？」

完全にビビりながら訊いてきました。

私は平然と答えてやります。

「何って……セックスに決まってるでしょ！」

「セ、セックスゥ……!?」

「そうよ。あんたが今回、あの綾香っていう巨乳クソ女と浮気した罰として、小心者のあんたが一番ビビるシチュエーションで私とセックスしろって言ってるの！　それでちゃんと私のこと満足させてくれたら、晴れて許してあげるわ。わかった!?」

見る見る彼の顔が青ざめ、ガタガタ震えながら脂汗を流しだしました。

「そ、そんなのムリだよう……勘弁してよう……」

今にも泣き出さんばかりの情けなさです。

でも、今回ばかりは私も容赦しません。

「だーめ！　どうしてもできないって言うのなら、もう私たち、終わりね。せめてもの餞別に、これまでに私が隠し撮りした、あんたの恥ずかしいチンコ丸出し姿とか、ぜんぶネットにさらしてやるわ。あ、言っとくけど、私のそういう画像はいっさいないからあしからず〜〜〜」

我ながらドイヒーな女だなあと思いながらも、ガンガン詰めまくってやりました。

すると、さすがにようやく観念したらしく、彼は言いました。

「わ、わかったよお……ここで皆にばれないようにセックスして、おまえを満足させればいいいんだろ？　よし、や、やるよ！　やればいいいんだろ？」

「うふふ、そうよ、それでこそ男っていうもんよ！」

私は言うと、そそくさと服を脱ぎ始めました。

その様子をぼけっと見ている智久に向かって、

「ほら、あんたもさっさと脱ぎなさいよ！　服着てちゃセックスできないでしょ！」

言うと、慌てて服を脱ぎだす彼。小心者のわりには、中高と野球をやってきた意外なほどたくましい肉体がその姿を現し、私は思わずゴクンと生唾。

私もブラを取って、それほど大きくはないけど形のいい美乳ぶりには自信のあるオッパイを彼の目の前にさらしました。スカートをたくし上げパンストを脱いで、白い太腿と、その付け根の中心にある薄い茂みもあらわにしました。

でも、私の自慢のそれらを見せてあげても、彼のジュニアはピクリとも反応しませんでした。やはり相当ビビり、縮み上がっているようです。

「しょうがないな～……しゃぶってあげるから、ちゃんと元気出しなさいよ！」

私は便座の上に腰かけて、前に立った智久のジュニアをタマごとモミモミと愛撫しながら、ペロペロチュウチュウと舐め吸ってあげましたが、それでもやっぱりダメで……さすが小心者。この場所、このシチュエーションじゃどうやってもムリか？　自分で乳房をいじくりながら、ビジュアルでも刺激を与えながらしゃぶってあげても相変わらずピクリともせず……とうとうあきらめかかった、そのときでした。

ドアの外からどやどやと二、三人の男性教師たちがトイレに入ってくる声がしました。生徒のことや、プライベートのことなど、口々に言い合いながら並んで小便器で用を足しているようです。

（あちゃあ……これじゃあ智久、ますます萎縮しちゃってムリかあ。お仕置きのハードルがちょっと高すぎたわね。何か他のアイデア、考えなきゃ……）

と、私は深いため息をつきながら思ったんです。ところがなんと！

私の予想とは裏腹に、見る見る彼のジュニアは大きくなってきて……あっという間に勃起状態になっちゃったんです！　しかも、こんな怖いくらいのギンギン具合、これまで見たことがありません。

「ちょ、ちょっと智久、どうしちゃったの、これ一体⁉」

私が食いつかんばかりに勃起ジュニアをガン見しながらそう訊ねると、

「い、いや……なんか、皆の声を聞いた瞬間、グワーッと全身の血流がここに集まってくるような、すごい熱さを感じて……オ、オレ、何だか今メチャクチャ興奮しちゃってるよ！　一体どうしちゃったんだろ？」

初めて体験する感覚が理解できず、相当とまどっているようでしたが、私には何となく察しがつきました。

これまで、小心者だという自分の性格イメージにとらわれるあまり、日常生活のみならず、セックスにおいても平穏で無難な状況でしかプレイしたことがなかったであろう智久……ところが実は、こと性的嗜好においてはスリリングで危険な危機一髪状態であればあるほど興奮し、性感が高まるのだとしたら……？

きっとそうよ！　今彼は、ずっと自分では知らずにきた、秘められた己の真実の扉を開け放ったのよ！　……というのは私の勝手な推測かもしれませんが、とにかくこんなオイシイ状況を楽しまない手はありません。

「あ〜ん、最高にステキよ、智久！」

私はより一層フェラに熱を入れ、すると彼のジュニアのギンギン具合は、ますます際限なく勢いを増し、今にも爆発せんばかりの超絶勃起状態になりました。

その間にも入れ代わり立ち代わり、他の男性教師たちがトイレにやってきては用を足しながら会話をし、笑い、盛り上がり……それと比例するように智久の性欲テンションも爆上がりし、今度は彼が便座に腰を下ろしたところに、その股間から荒々しく屹立するビッグな肉棒目がけて、私は上からまたがり、ズプズプとその濡れ乱れた肉びらで呑み込んでいきました。

「……は、ああ、あ……うぅ……智久のチ○ポ、すごい……私の中でパンパンにみなぎって、奥まで突いてくるぅ……んくっ……はぁッ……」

外に聞こえないよう、私は必死で声を抑えながら喘ぎつつ、彼の膝の上で跳ねるようにしてジュニアを喰い締めました。これまでの彼とのセックスでは一度も感じたことのない、気がヘンになりそうな気持ちよさです。

「う、うう……菜々緒……オレ、もう限界……んくぅ……」

「はぁ、あ……きて……ん、んん……ん～～～～～～～っ！」

こういうのを瓢箪から駒？　とでもいうのでしょうか。

智久が巨乳バカ女と浮気したおかげで、新しい快感の扉を開けることができた私たち……今、彼との交際はサイコーに気持ちよく充実してるんです。

■義兄は私の丸い肉房をペロペロと舐め回しながら、飴玉をねぶるように乳首を……

ずっと私を狙い続けた義兄の欲望が淫らに炸裂した日

投稿者 高平まどか（仮名）／29歳／パート主婦

いつかこういう日がくるのじゃないか。

私は実は前から、そんな予感がしていました。

あの、今の夫である俊平さんと結婚するにあたって、初めて彼の家に挨拶に行ったとき。玄関口で出迎えてくれたご両親の後ろでにこやかに微笑む、夫の二人きりの兄弟である兄の健太郎さんのその目の中に、どうしようもなく私の心を掻き乱す淫蕩なぎらつきを垣間見た、あの瞬間から……。

それから一ヶ月後、私と俊平さんは入籍して、晴れて私には実家の家族とは別に、もう一つの義家族ができました。義父母と、義兄の健太郎さんと。

私と夫は、彼の仕事の関係もあって、夫の実家から電車で二駅離れた場所にマンションを借り、そこで新婚生活を始めました。もちろん私は、その後も折を見ては夫の実家に顔を出し、また義父母も私たちのマンションを訪ねてきてくれて、それなりに良好な嫁と舅・姑関係を築けていたと思います。実家の母から、そのための心得とノウハウをしっかりと叩きこまれていましたから。

でも、義兄の健太郎さんについては話が別。

母も、もし夫に姉妹がいたとしたら、同じ女としての観点から小姑対策を講じてくれたのでしょうが、男兄弟というのは盲点だったようです。概して嫁に対して、舅や義兄弟といった婚家の男たちは甘いものという、一般的な印象以上のものは持ち合わせてはいなかったようで、私はこと健太郎さんに対してだけは、その対応の仕方においてとまどいを感じ、やりづらさを覚えていました。

そこへ持ってきて、さらにあの『目』！

彼と顔を合わせるたびに感じざるを得ない、その淫蕩なぎらつきを湛えた目に、私はどうにも落ち着かない気分にさせられるのでした。

その後、今年で結婚生活も三年目を迎えました。

夫の俊平さんは真面目でやさしく、夫としては申し分のない人なのですが、一方で『男』としてはどうにも食い足りないものがありました。

セックスが極端に弱かったのです。

新婚当初はまだよかったのです。彼もまだ二十代で精力もあり、なんとか週に一回は私を抱いてくれたものですが、それが三十を越え、さらに仕事で重い責任を負う立場になると、見る見る心身ともに疲弊・消耗し、夫婦の営みも週イチから月イチへ、さらには三〜四ヶ月に一回にというふうに、どんどんその頻度が減っていき、ここ半年はとうとう完全なセックスレス状態に陥ってしまいました。

これでは子供もできるわけがありません。

私は義父母と顔を合わせづらくなり、何かと理由をつけては夫の実家とのつきあいを遠ざけるようになっていったのです。

そんなある日のことでした。

いきなり義兄の健太郎さんがうちにやってきたのは。彼は在宅でフリーのプログラマーとして働いているので、時間の融通が利くのです。

ちなみに三十五歳になる今も独身でした。

「お、お義兄さん……どうされたんですか?」

「いや、偶然近くに来たものだから、ひょっとして、まどかさんいるかなーって思って。いやー、いてくれてラッキーだったよ。おみやげ、ムダにしないですんだ」

そう言って洋菓子らしき包みを渡されながら、私は心臓がドクドクと高鳴り、全身が急に汗ばんでくるのを感じました。ただでさえアポなしの訪問で落ち着かないところへ持ってきて、やっぱり義兄が私を見つめる目の中に依然として存在する、あの淫蕩なぎらつき……それを意識すればするほど、私はさらに息苦しささえ感じるようになっていました。

それから私は何とか平静を保ちながら、健太郎さんにお茶を出し、当たり障りのない会話を交わしていたのですが、突然、健太郎さんが言いました。

「ところで、最近まどかさんが、うちに顔を出さないのは、やっぱりなかなか子供ができないからかな？　うちの両親に顔を合わせづらい？」

「えっ……い、いえ、そういうわけじゃ……」

返答に困った私に、さらに追い打ちがかけられます。

「ぶっちゃけ、俊平とセックスレスなんでしょ？　あいつ、オレと違って昔からそっち方面は淡泊だったからなあ。なのに、まどかさんみたいな最高にいい女と結婚するなんて、ほんとたまげたよ」

「な、何、バカなこと言ってるんですか……ふざけないで……」

図星を突かれ、動揺した私がそう言って否定しようとした瞬間、健太郎さんが私を抱きすくめ、強烈なキスで唇をふさいできました。

「……んっ、うぐふ、ぬふぅ……！」

そしてそうしながら同時に私の体中をまさぐり回してきて、

「……ぷはっ！　胸も尻も、あい変わらずいいカラダしてるなあ……うちに挨拶にきたあの日から、ほとんど体型変わってないでしょ？　もうあのときからヨダレものだったもんなあ……ああ、今ようやくこの手で実感できたよ」

などと言い、私の薄手のセーターの中に手を突っ込み、強引にブラを押し上げずらすと、ムギュムギュと乳房を揉んできました。

「んあっ、あぁ……や、やめて……お義兄さんっ……！」

「くう〜〜っ、やわらけーっ！　モチモチのプルプルだあ！　乳首もプリッと大粒で……なあ、直でしゃぶらせてくれよぉっ！」

私の抵抗の言葉など歯牙にもかけず、健太郎さんはセーターを頭から引き抜き脱がすと、ブラも剝ぎ取ってしまいました。そして剝き出しになった私の乳房にしゃぶりつくと、丸い肉房をペロペロと舐め回しながら、飴玉をねぶるように乳首を口内で転がしてきて……！

「あひっ！　ひぃぃあぁぁ……んあぁっ！」

この半年、夫とセックスレス状態にある私にとって甘美的すぎる刺激が襲いかかってきて、たまらず随喜の喘ぎ声をあげてしまいました。

「ふふふ、やっぱり反応いいなあ！　もう乳首ビンビンだよ？　ねえ、こっちも久方触ってないんでしょ？　ほらいいよ、触って触って！」

　健太郎さんはそう言いながら自分のズボンのベルトを外すと、パンツごと引き下げて股間をあらわにしました。私はその、ビンッ！　という感じで激しく振り上がった勃起ペニスに目が釘付けになり、たまらず言われたとおりソレに触れ、ギュッと握り込んでいました。ドクドクと熱く脈打つような、その太くて固い昂り……自分のアソコもジュワッとぬかるんでくるのを感じます。

「そうそう、もっと激しくしごいて……オレもまどかさんのここ、触ってあげるね」

「んあっ、はうっ……あ、あああぁ……あふぅ！」

　私のスカートをたくし上げ、パンストをこじ開けて入ってきた健太郎さんの指が、恥ずかしいぬかるみを探り、ニチュニチュと掻き回してきて……それがあまりにも気持ちよくて、私はもはやさっきまでの抵抗する体裁すらかなぐり捨て、貪欲に快楽を求める飢えたメス犬と化していました。

「ああ、オレの指を溶かしちまいそうなぐらい熱く沸き立って……よしよし、今いっぱい舐めてやるからな」

　そう言って健太郎さんは自分の服を脱ぐと、残っていた私の下半身も裸に剝いて、私たちは全裸でカーペット敷きのリビングの床に、もつれ合うように転がり込みました。そして始まる、燃えるように淫らなシックスナインの応酬！

ジュルジュル、ペチャペチャ、チュウチュウ……と、あられもない淫音を立てながら、さんざんお互いの性器をむさぼり合った私たちは、そのあと、ついに一つになりました。健太郎さんのいきり切った激情ペニスで、飢えきった蕩けマ○コをこれでもかと貫かれ、掻き回され、突きまくられて……！

「ひはあぁぁっ……ああん！　いいっ、いいの！　お義兄さぁん……！」

「ううっ、まどかさん、サ、サイコーだよぉっ！」

私は夫との間の溜まりに溜まった欲求不満をすべて吐き出すべく、感じまくり、乱れまくり……健太郎さんが二度射精する間に、なんと四回もイッてしまいました。

「ふう、すげぇよかったよ、まどかさん。実はオレ、今年中にとうとう結婚するんだけど、まどかさんさえよかったら、そのあともこうして内緒で付き合いたいなあ。どうかな、まどかさん？」

私に拒絶する理由など、一つもありませんでした。

■私はナマ豊乳をタプタプと揺らしながら、彼の股間に身を沈め、勃起ペニスを……

弟の友達のアート系美少年の童貞をおいしくいただいた夜

投稿者　白井日菜子（仮名）／31歳／OL

今年、三十一歳になったばかりのOLです。

もう丸三年も付き合ってるカレシがいて、たぶん来年早々には結婚すると思います。彼はまあまあの会社に勤めてて稼ぎも悪くないし、やさしくて頼りがいがあるから、それなりに幸せになれるんじゃないかな。

そんな感じでそろそろこの先の人生の青写真が見えてきた私には、その前にできれば一度味わっておきたい、ヒミツの願望がありました。

それは自分よりも年下の若くてかわいい童貞くんを食ってみたいということ。

だって、今まで付き合ってきた相手が、今のカレシも含めてほとんどが四、五才以上は年上の男性ばっかりで、そりゃ確かに安心感はあったけど、一方でフレッシュさとか初々しさといったものは皆無で……だから一度でいいから、そんな子を相手にお姉さん風を吹かせた上から目線エッチを楽しんでみたかったんです。

とはいえ、出逢い系マッチングアプリでも使わなきゃ、そんな機会がそう簡単にあるわけもなく、ああ、このままはかない願望で終わるのかなあ、なんて思っていた、ある日のことでした。

私は実家で、両親と大学生の弟との四人暮らしでしたが、ある土曜の夜、弟が友だちを一人連れてきたんです。彼の名は勇樹くん（二十歳）といい、体育会系でいかつめの弟とは違い、色白で細身のアート系（？）美少年といった雰囲気でした。二人は同じゼミで、見た感じのタイプとしては真逆だけど、話してみると妙に気が合って仲良くなったのだといいます。

私は思わず胸がざわつきました。

まだ童貞かどうかはわからないけど、勇樹くんがまさに私の願望にドンピシャの相手のように思えたからです。

こ、これは千載一遇のチャンスかもしれない。

二階建ての一軒家のうちは、一階で両親が眠り、私と弟のそれぞれの部屋が二階にあるのですが、今晩弟の部屋で家飲みするという彼らに、私は無理やり仲間に入れてくれるよう頼み込みました。当然いやがる弟でしたが、お小遣い二万円あげるからという私の甘言にまんまと屈服し、結果的に友人を売り渡すことになりました。ほんと、友だち甲斐のないヤツです（笑）。

ビールやつまみを買い込んできて、弟の部屋での飲みは夜八時頃から始まりました。私たちは三人でなんだかんだと楽しく盛り上がっていましたが、もう両親も寝静まったであろう夜十一時すぎ、実は見かけに反してそれほどお酒に強くない弟が酔いつぶれ、狭い部屋の壁際に寄りかかって寝始めてしまいました。こうなると、弟はちょっとやそっとのことでは起きません。

それこそ私が虎視眈々と窺っていたチャンスでした。

勇樹くんはといえば、こちらは逆に見かけに反してけっこういけるクチのようでしたが、それでもそれなりの酒量を飲んだとあって、いい気分で酔っぱらっているようでした。申し遅れましたが私は、仲のいい友人たちから「ウワ・バミ子（笑）」と呼ばれているほどの底ナシです。

私はジリジリと場所を移動し、ぴとっと勇樹くんの隣りに密着しました。そして思いきり彼に体重を預けながら、言いました。

「ねえ、ところで勇樹くんは彼女、いるの？」

「え？　そんなのいませんよ。生まれてこのかた、いたことがありません」

「ええっ、ほんとにー？　そんなにカッコいいのに？」

「あはは……自分でもいやになるくらい、女性に対して奥手なんですよね……」

その言葉にがぜん勇気を得た私は、思いきって訊ねました。

「じゃあ、女の人とシたことも……ないのかな？」

これにはさすがに一瞬言葉に詰まった彼でしたが、

「は、はい……シたこと、ないです……」

と、モジモジと目を伏せながら答えてくれました。

私は思わず心の中でガッツポーズ！　同時に欲望が沸騰しました。

「……じゃあ、お姉さんと、ヤろうか？　とっても気持ちいいこと……」

「……えっ？　で、でも……っ……」

「私のこと、きらい？　おばさんだから……いや？」

「そ、そんな……とんでもない！　お姉さん、とってもきれいです……」

「ほんと？　嬉しい！　じゃあやろうよ、ね？」

私はこうして彼を追い込みながら、その耳朶に熱い息を吹きかけ、舌でねぶり回し、甘噛みし……同時にシャツの中に手を突っ込んで乳首をコリコリともてあそんであげました。あっという間にツンツンに立ってしまったのがわかります。

「……あ、ああっ……んんっ……」

「うふふ、かわいい……」

私はそのままボタンを外してシャツを脱がせ、コリコリしながらチュプチュプという具合に、指いじりと唇と舌による舐め吸い攻撃を交互に、彼の乳首に対して浴びせかけてやりました。もうツンツンのネチョネチョです。

「ああっ、お、お姉さん……んあっ……」

私は続いて彼のジーンズのジッパーに手をかけると、チチーッと下げ下ろし、開いたところに手を突っ込んで、ピッチリしたボクサーショーツの上からその股間の膨らみを揉みしだいてあげました。そこはすでに上半身に対する私の責めで、まあまあ大きくなっていましたが、モミモミしてあげるとさらに力強くみなぎり、今にもボクサーショーツの布地を突き破らんばかりにギンギンに固く大きくなりました。私はそのあまりにも痛々しそうな突っ張りを解放してあげるべく、ズルッと下に引き下げてあげました。

途端にビックリ箱のような勢いで、ビョーン！　と飛び出し、激しく振り上がる勃起ペニス。それは全長十六～十七センチ、太さ四センチ超という立派な大きさもさることながら、荒々しく張り出した亀頭に竿の表面にウネウネと浮き上がった太い血管、黒々たっぷりと茂った陰毛は、およそ勇樹くんのアート系美少年的なイメージとは真逆にワイルドなもので、そのギャップにまた私は萌えてしまうのでした。

「あ〜ん、ステキ！　おいしそう……いただきま〜す！」

全身が火照りきって暑苦しさを覚えた私は、自ら服も下着も脱いで全裸になると、チャームポイントであるナマ豊乳をタプタプと揺らしながら、彼の股間に身を沈め、勃起ペニスを咥え込みました。そして上目づかいに彼の顔を見つめながら、激しく頭を上下動させつつ、ジュップ、ヌップ、ズップ、ジュボジュボとバキュームフェラで責め立ててあげました。

「んはぁっ、あっ、あう……はっ、うう……くあぁっ……！」

勇樹くんは喜悦の喘ぎをあげながら、そのペニスの先端からジュクジュクと先走り汁を滲み出させて……私はその何ともいえず生臭く甘いテイストをもっと味わいたくて、さらに豊乳パイズリを加えた過激化攻勢で彼を責め立てました。ジュポジュポとフェラしつつ、それによって滴り落ちてきた、私の唾液と彼の先走り汁が混ざり合った粘液でネトネトまみれになった竿を、左右から挟み込んだ乳房でヌリュヌリュ、ズチュズチュとしごき上げて……！

「あふう、ううっ……んぐふ、じゅぶ、んぶぅ……うぐふ……！」

パイズリで乳房からジンジンと伝わってくる彼のオスの熱気と精力で、私の性感もいよいよ限界まで昂ってきてしまいました。もちろんもうヌレヌレです！

「ぷはぁっ！」私はペニスから口を離し、糸を引かせながら乳房を引き剝がすと、持参してきたコンドームを取り出し、彼に装着しました。万が一、さすがに結婚前にカレシのじゃない種を宿すわけにはいきませんもんね。

「じゃあ、勇樹くんの童貞、いただいちゃうね。あ、ああ……」

「んあぁ、あっ……お姉さんの中、すごく熱くてひくついてる……！」

騎乗位で彼にまたがった私は、アソコで咥え込んだペニスをキュウキュウと締め上げながら、激しく腰を振り乱しました。

「ああっ！　も、もうダメッ……イクッ！」

さすがに初めてとあって、あっという間に射精してしまった彼でしたが、しばしのインターバルのあと、今度はしっかりと私を愉しませ、イかせてくれました。

そうやって私も勇樹くんもお互いに満足し、服を着て身づくろいし終えたタイミングで、ようやく弟が目を覚まし、言いました。

「う～～ん……なんか騒がしかったみたいだけど、どうかした？」

「ううん、別に」声を揃えて答える、私と勇樹くんなのでした。

■迫力満点にブルルンッと揺れる豊乳を見た私のペニスにはさらに大量の血流が……

テレビ修理に訪れた家で妙齢の熟女の魅力に搦めとられて

投稿者 下村孝之（仮名）／39歳／自営業

私は亡き親父から受け継いで、いわゆる『町の電気屋』を営んでいます。昨今は大型家電量販店にお客さんを持っていかれて、なかなか大変ですが、そこは修理や点検、買い替え相談などの細やかなサービスと、小回りの利く機動性とスピード感を心がけて地域の皆さんの信頼を得ることで、まあなんとかやっていけてます。

そしてそのおかげで、時にはこんな役得めいたこともあったりなんかして。

その日、同じ町内の竹田さんから店に電話があって、「テレビの調子がおかしいので、来て調べてみてくれないか」と頼まれました。うちで買ってもらった商品ではないので、本来なら「お買い上げになった店で……」と言って断ることもできたのですが、まあそこは言わない約束で。それに実はちょっとした下心があった私は、妻に「点検修理の依頼があったので行ってくる」と伝え、車で竹田さん宅へ向かいました。

竹田さん宅は年老いた母親と、その娘の彩乃さんの二人暮らしで、ご主人はわりと前に亡くなっていました。それ以来、母親想いの彩乃さんは、結婚して家を出ることもなく、お母さんの面倒を見るために会社勤めを続けながら、三十八歳になる今まで甲斐甲斐しく同居生活を送っているのです。

そしてさっきの『下心』というのは、もちろんこの彩乃さんに関するもので……独身なのがもったいないほど、そりゃもうイイ女なんです。顔は女優の井○遥似で家庭的な雰囲気の美人なのだけど、カラダは逆に、豊満なバストに艶めかしくくびれた腰つき、大ぶりな桃のようにふっくらとおいしそうなヒップというフェロモン過剰ぶり……ね、たまらないでしょ？

もちろん、実際にどうこうしようってわけじゃないのだけど、私はそんな彩乃さんの姿を間近で見られるだけでも嬉しくて、ほとんどお金にならない仕事にかこつけて、いそいそと竹田さん宅に伺ったという次第なのです。

日曜日だったので、案の定、彩乃さんも在宅し、お母さんからテレビの状態について聞く私に対して、親切にお茶を出してくれました。テレビの調子が悪い原因を大方把握した私は、「今これから三十分もあれば直せると思います」と答え、「ほんとに？ああ、よかった」と言うなり、お母さんは、ご近所さんに用事があるからと出かけていってしまいました。あとは彩乃さんによろしくという感じです。

築五十年という古い木造の家の中で、私は彩乃さんと二人きりになりました。私がテレビの修理作業をしている間、彼女は邪魔になってはいけないとでもいうように言葉を挟まず、黙ってこちらを見つめていました。

私は作業を進めながらも、彼女の視線が、いやその存在自体が、気になって仕方ありませんでした。私からほんの五十センチぐらいの距離で、例の魅惑の肉体が静かにたたずみ……でも静かな室内ゆえに、いやでもその息づかいが聞こえ、何なら心臓の鼓動まで感じられそうなほどの空気の濃密さです。かすかに漂ってくる、ほのかな香水の香りが混ざった彼女の体臭も、何ともいえず甘く……。

そうしているうちに、私は信じられないことに勃起し始めていました。

(おいおい、何なんだ、俺？ 中学生じゃあるまいし……！)

自分で自分に呆れる私でしたが、同時に、何せ今日は上下ジャージという服装で来たので、薄いジャージ生地を通して股間のとんでもない変化が彩乃さんにばれてしまうんじゃないかと、気が気じゃありませんでした。

そんな極限状況（？）の中、ようやく修理作業が終わり、テレビは無事きれいに映るようになりました。私はホッと一息つき、「じゃあ後ほど請求書を送らせていただきますので。まあ、大した額にはならないと思いますが」と言いつつ、帰り支度を始めようとしました。

と、そのとき、彩乃さんが思いもよらない行動に出たんです。

何とか突っ張った股間が彼女の視界に入らないよう、身をねじるような格好で立ち上がろうとした私でしたが、なんと彼女は自分からその突っ張り部分に手を触れてきたんです。ピンと固く張り詰めて上向こうとするソレに、彼女は手のひらで押さえ込むようにギュッと力を入れてきて……！

「あ、あのっ……すみません、な、何をしようと……」

あたふたしながら私が問うと、彼女は言いました。

「あ、ごめんなさい。男の人のこんな様子見るのなんて、本当に久しぶりだったから、つい……やっぱり、固いんですね……それに、大きい……」

その声は熱を帯びて上ずり、やけに潤んでいるように響きました。

彩乃さんもかつては恋人がいて、中には真剣に結婚を考えた相手もいたらしいですが、お父さんが亡くなって以来、遺されたお母さんに対する愛情と責任感ゆえに自分の幸せを犠牲にして……「実は私、もう十年以上、男の人とシてないんです。だから正直いま、とっても興奮してる……とっても……シたいの……」

「あ、彩乃さん……ぼ、僕でよければ……」

「ああん……抱いてっ！」

彼女はすごい勢いで私に抱きついてきました。

ギュッと豊満な胸が押しつけられ、下腹部が私のいきり立った股間を痛いほど圧迫してきます。最高の感触です。いったん体を離して私が服を脱ぎだすと、彼女のほうも脱衣し始めました。そのあらわになった裸体はすばらしいグラマラス・ボディで、迫力満点にブルルンッと揺れる豊乳を見た私のペニスにはさらに大量の血流が流れ込み、自分でもビックリするほどのスーパー勃起状態になりました。

「ああん、す、すごい……亀頭が今にも破裂しそうなくらいパンパンに張って、サオもミチミチに血管が浮き出して……久しぶりの生チ○ポ、いただきまーす！」

「ああっ、彩乃さん、ぼ、僕も……っ！」

私たちはいきなりシックスナインの体勢になって、お互いの性器をむさぼり合いました。彼女のソコは洪水並みの勢いで愛液を溢れさせ、私はマジ溺れるんじゃないかというぐらいの苦悶を覚えながら、必死でそれを啜り飲みました。

「あ、ああん……いいっ！　オマ○コ気持ちいいの――っ！　もっと……もっといっぱい舐めて！　啜ってぇっ！　あひぃぃぃ～～～～っ！」

溜まりに溜まった性の渇望を一気に炸裂させるかのように彼女はヨがり悶え、自らもむさぼるように私のペニスを咥え込み、しゃぶり上げてきました。

「……んんっ、んぐっ……あ、ああ、彩乃さんっ……！」

その激しすぎるしゃぶりっぷりに、いよいよ私の性感の昂りもヤバくなってきた頃、彼女はガバッと身を起こすと、仰向けになった私の上にまたがり、騎乗位で身を重ねてきました。燃えるように熱い肉ひだにズブズブと呑み込まれ、キチュキチュときつく締めあげられ、私のペニスはもう限界ギリギリ状態。

「うう～～～っ、あ、彩乃さぁ～～～～ん！」

私は死力を振り絞って、彼女のマ○コをガンガンと下から突き上げました。

「あう……すごっ、はあっ……んがっ、あぁっ！　あううう～～～ダ、ダメッ！　もうイキそうよ～～～っ！　あひぃぃぃ～～～～～～っ！」

そしてまさに危機一髪、彼女のお母さんが帰ってくる、ほんの五分前に私たちはイキ果て、慌てて身づくろいをしたのでした。

これからますます、ことあるごとに竹田家にお邪魔することになりそうです。

■彼はすごい力で、荒々しく左右の乳房を揉みしだき、揉みつぶしてきて……

中学受験に失敗した児童の父兄から腹いせレイプされた私

投稿者　塚原すず（仮名）／26歳／塾講師

私は有名中学受験専門の進学塾で講師をしています。

昨今では、いわゆる『お受験』は一過性のブームを越え、多くの児童であり父兄が公立よりも私立中学への進学を望み、私のところのような塾は生徒数の確保に困ることはありませんが、同時にその父兄の熱意の高さゆえに、とんでもない目にあわされることもあるんです。

それは大方の私立中学の入試が終わり、続々とひと通りの合格発表がなされた2月中旬のことでした。夜の九時近く、私はその日の塾業務を終え帰宅しようと、すぐ近場の月極駐車場へ向かいました。そしてドアロックを開けるべく、スマートキーを納めたバッグを持ち、愛車の軽のところに近づいたときのことです。

ロックが開錠された電子音が聞こえる前に、私は何者かに背後から抱きすくめられ、おまけに声を出せないように口にタオル地のハンカチのようなものを突っ込まれてしまいました。私は驚き、恐怖におののきながらも必死で身をバタつかせようとしたのですが、「おとなしくしないと殺すぞ！」と、すぐ耳元でドスの利いた男声で恫喝され、思わずシュンとなってしまいました。誰かに助けを求めようにも、周囲には人っ子一人見当たりません。私は相手の思惑がわからぬまま、近くの雑木林へと引きずり込まれてしまったんです。

するとそこには、ちょっとした資材置き場のような、小さなプレハブ小屋がありました。あらかじめ鍵は外してあったようで、私は難なくそこへ引きずり込まれました。

そして床に仰向けに押し倒されると、お腹の上に馬乗りになられ、両手を床板に押さえつけられてしまいました。

窓の外、遠く離れた駐車場から届く照明の光にプレハブ小屋内はほのかに照らされ、その中で私は、今ようやく、自分を見下ろしている相手の顔を見ることになりました。

といってもそれは、よく映画の中で銀行強盗がかぶっているような目出し帽で覆われ、開いた穴から目・鼻・口の部分部分しか窺えなかったのですが、その目は血走り、激しい怒りの感情を湛えているように見えました。

「……んぐっ、うう、くうっ………」

くぐもった声で呻くことしかできない私に、相手は言いました。

「ふん、あんた、今なんで自分がこんなことされてるかわかんなくて、さぞ混乱してるだろうな……理由を教えてやるよ」

恐れ、困惑しながら、とりあえず相手の話を聞くしかありません。

「俺は、おまえのとこの塾に通ってる子供の親だよ！」

ええっ⁉　うちの生徒の父兄さん……？　な、なんでこんな……？

「おかげさまでこのたび、めでたく志望校に不合格になりました！」

え、ええっ！　まさかその腹いせのお礼参りにこんなことを……？　そんなのただの逆恨みじゃないの！　そう思った私でしたが、続く相手の言葉に、言い知れぬショックを受けてしまったんです。

「それで、試験の出来が悪かった理由を、うちの子から聞いたんだけど……それが、日々塾で教わってる講師のあんたが色っぽすぎて、頭ん中がムラムラ、モヤモヤして全然ダメだったたって言うわけよ。これ、どーしてくれるの？　うちら親子、このお受験にすべてをかけてきたっていうのによ！」

それは実際、とんだ言いがかりかもしれないけど、「講師」ではなく「おんな」の私がその生徒を惑わせてしまったのだとしたら、何だか無性に申し訳ない気持ちにさせられてしまいました。自分ではそれなりにプロ意識を持って仕事に取り組んできたつもりですが、これじゃあ完全に「講師失格」ではありませんか！

そんな意識ゆえか、私は相手に対して神妙になってしまいました。

そして、我が子がお受験に失敗した腹いせに、その元凶である「色っぽい」私を犯しまくってやるという彼の言い分を、受け入れる気持ちになっていたんです。

「お？　おとなしくするっていうのか？　よしよし、いい子だ」

抗うことをやめた私の手を放し、彼は私のダウンジャケットの前を開けると、その下に着ていたセーターを胸上までまくり上げました。八十八センチのこぼれんばかりのバストを覆ったブルーのブラが現れ、彼は感嘆の声をあげました。

「ほう、これがまだ小六のうちの息子を惑わせたオッパイか……たしかに、こんなイヤラシイ膨らみ見せつけられながら算数教えられても、頭に入んないかもな。まったく罪な先生だぜ」

そう言いながら、力任せにブラを上にずらし上げ、ブラカップが激しく擦れる痛みに思わずこぼれた私の呻きとともに、ブルンとナマ乳房があらわになりました。

「くそう、このイヤラシイおっぱいめ、こうしてやるっ！」

彼はすごい力で、荒々しく左右の乳房を揉みしだき、揉みつぶして……そうしながら、ツンと上向いた乳首を激しく吸いしゃぶってきました。時折ギリリと噛んでくるものだから、たまりません。

「……んぐっ、ううっ……ぐふぅ、うっ、くふぅ……！」

私が苦痛と快楽の波状攻撃に見舞われながら、思わず甲高い呻き声をもらすと、ますます彼の嗜虐心は荒ぶっていくようで、おもむろに私のお腹の上で膝立ちになると、ズボンのベルトを外し始め……ジッパーを下ろし、とうとうズルッと引き下げた内側から、怖いくらいに勃起したペニスがその姿を現しました。

（す、すごい……っ！）

その威容はまるで映画『エイリ○ン』のモンスターのように巨大でグロテスクでありながら、同時にどうしようもなく私の性感を刺激してきて……私は思わずウットリとそれを見上げてしまいました。

すると、そんな私の淫らに従順な心中が伝わったのか、彼はなんと私の口内に突っ込まれた布切れを取り出すという、大声を出されるかもしれないリスク承知の行動に出ると、そのまま体勢を変えて、代わりに勃起したペニスを咥えさせてきました。

「んあぁっ……はぁっ、んじゅぶ、ちゅぷ、じゅるる……はぁぁっ……」

そして大声を出すどころか、むさぼるようにそのペニスを舐めしゃぶってしまう、「色っぽいおんな」丸出しの私。言うまでもなく、下半身のほうもすでにジャブジャブに濡れ溢れてしまっています。

「ああ、いいぞ……このインラン女講師め……すばらしい舌づかいじゃないか！　おおう、たまらねえ……う、ううっ……」

彼は私のご奉仕で、かなり切羽詰まってきたらしく、いきなりニュポン！　とペニスを口内から抜き出すと、息せき切って私のパンツを脱がし、ショーツも剝ぎ取ってアソコを剝き出しにさせました。そして問答無用で勃起ペニスをナマでヌプヌプと突き入れてきて……！

「ああっ！　はぁぁっ……んぐ、ううう……あはぁぁん！」

「んくっ、ううっ……いいぞ！　オマ◯コ締まるぅ……！」

そしてみっちり十分以上に及ぶ荒々しい腰振りの果てに最後、抜き出したペニスから大量の精液を私のお腹の上に吐き出したのでした。腹いせの乱行にも拘わらず、中出しをしない辺り、最低限の人の親としての良心が感じられた思いでした。

吐き出された精液がお腹の上に溜まった、あられもない姿で彼が去っていくのを見送りながら、多くの生徒に教える、塾講師としての自分の在り方を見つめ直してみようと心に誓った私なのでした。

素人手記
ドキドキするような恋愛と忘れられないファースト失神SEX
～無様にイキ果てた私の悶絶体験、聞いてください～

２０２４年４月２２日　初版第一刷発行

発行所　株式会社　竹書房
〒102-0075　東京都千代田区三番町８－１
三番町東急ビル６Ｆ
email：info@takeshobo.co.jp
ホームページ：https://www.takeshobo.co.jp
印刷所　中央精版印刷株式会社
デザイン　株式会社　明昌堂
本文組版　ＩＤＲ